T0307508

Jeff Foster

UNA AUSENCIA
MUY PRESENTE

La liberación en la vida cotidiana

Traducción del inglés de David González Raga

editorial Kairós

Título original: An Extraordinary Absence

© Jeff Foster 2009

© de la edición en castellano:
    2010 Editorial Kairós, S.A.
    www.editorialkairos.com

© de la traducción del inglés: David González Raga

Primera edición: Octubre 2010
Tercera edición: Diciembre 2021

ISBN: 978-84-7245-757-7
Depósito legal: B-25.744/2010

Fotocomposición: Grafime. Mallorca, 1. 08014 Barcelona
Impresión y encuadernación: Ulzama digital

Todos los derechos reservados.
Cualquier forma de reproducción, distribución, comunicación
pública o transformación de esta obra solo puede ser realizada
con la autorización de sus titulares, salvo excepción prevista por
la ley. Diríjase a CEDRO (Centro Español de Derechos Reprográficos,
www.cedro.org) si necesita algún fragmento de esta obra.

Este libro ha sido impreso con papel que proviene de fuentes respetuosas
con la sociedad y el medio ambiente y cuenta con los requisitos necesarios
para ser considerado un «libro amigo de los bosques».

Agradecimientos

*Con mi más profunda gratitud a Nathan Gill
y especialmente agradecido a Philip Pegler*

*Con amor a Adam, Amy, Barry, Joan, John, Josh,
Julian, Jeannine, Kriben, Lynda, Mandi, Menno, Mike,
Nic, Pamela, Sid, Tijn, Wendy… ¡y todos los demás!*

Si, por una sola vez, te desembarazases de ti mismo,
se desvelaría, ante tu atónita mirada,
el más secreto de los secretos
y advertirías, en el espejo de la percepción,
el rostro de lo Desconocido,
que se oculta más allá del universo.

RUMI

Entre el polo del amor,
que dice "yo lo soy todo"
y el de la sabiduría,
que insiste en que "no soy nada"
se mueve toda mi vida.

NISARGADATTA MAHARAJ

SUMARIO

PRÓLOGO

No hace mucho, viajé a Brighton para tener una larga conversación con Jeff Foster sobre la visión no dual. A mitad de charla, sin embargo, empezamos a hablar de magia, una pasión que compartimos, y Jeff acabó enseñándome un truco llamado "asombro profundo". Quizás sea por ello por lo que, cuando me pidió que escribiese un prólogo para su nuevo libro, recordé súbitamente el nombre de este truco, que no sólo me pareció un título muy apropiado para el libro, sino que reflejaba también perfectamente sus implicaciones más profundas. Y es que el asombro profundo, como trataré de demostrar, constituye el ineludible correlato de nuestras ilusiones más profundas.

Basta con realizar cualquier búsqueda en Internet de la expresión "maestros no duales" para poner de relieve la existencia de un gran número de personas "despiertas" que proclaman, de maneras muy diferentes, su iluminación. De ello, precisamente, trata este libro porque nadie, en opinión de Jeff, puede estar iluminado. Pero este libro también tiene que ver con los juegos de palabras, como esos magos que, según dicen, han desarrollado una capacidad tan extraordinaria de observación psicológica, que parecen "leer el pensamiento". Pero lo cierto no es esto ni aquello ya que esos supuestos "adivinos" se sirven de la manipulación lingüística y de una gran habilidad teatral para llevar a cabo un truco sorprendente.

También el escenario no dual está saturado de este tipo de trucos. Y no estaría de más subrayar que parte de ellos se derivan de otro engaño más profundo, según el cual «¡Yo he desaparecido! ¡Lo único que ahora existe es Esto! ¡Ale hop! ¡Estoy liberado!». Pero cualquiera puede darse cuenta de la falsedad de todas esas afirmaciones. Quizás sean la expresión exacta de quien acaba de advertir su irrealidad o la formulación verbal de alguien que está ilusionado o se empeña en crear deliberadamente una ilusión. Soy consciente de la dureza de estas palabras pero no pido, por ellas, perdón, porque me parece que ha llegado ya el momento de ir más allá de las apariencias y afirmar que eso, absolutamente todo eso –tanto mi liberación como mi falta de liberación, tanto mi iluminación evolutiva como mi falta de iluminación evolutiva y todos los trucos, por más sorprendentes que ésos sean–, son meras ilusiones. Y ésta es la más sorprendente de todas las sorpresas.

Pero, volviendo de nuevo al libro de Jeff hay, en él, secciones enteras escritas en el lenguaje convencional de la no-dualidad que se empeñan en transmitir con un lenguaje dualista lo que se encuentra más allá de la dualidad. Y es que, cuando las palabras brotan del Misterio que jamás puede mencionarse, se genera una cierta tensión lingüística. Entonces es cuando el significado aparente se colapsa en el absurdo y la paradoja se revela como el vehículo más idóneo para transmitir una Verdad que jamás podrá revelarse. De todo ello, precisamente, nos habla el libro de Jeff. Pero éste es también un libro que trasciende las fronteras del género porque la descripción impersonal habitual deja paso, de vez en cuando, a pasajes preñados de confesiones personales. Es entonces cuando el lector puede ver realmente a Jeff, una persona tan normal y tan corriente como usted y como yo. Pero eso es, precisamente, lo más difícil de expresar porque el personaje, sumido en el asombro profundo que acompaña al descubrimiento de que todo es una ilusión, acaba colapsándose en un Misterio en el que el mundo –y, con él, sus decenas de miles de apariencias– se manifiesta como algo simultáneamente ordinario y extraordinario. Lo ordinario somos usted, yo y Jeff, y lo extraordinario es la profunda ausencia de todo lo que consideramos real.

Kriben Pillay
profesor adjunto de The Leadership Centre
University of KwaZulu-Natal
mayo de 2009

INTRODUCCIÓN

En el núcleo mismo de este libro late el mensaje sencillo, directo y eterno de la *no-dualidad*, un término utilizado con frecuencia hoy en día para referirse a la antigua tradición india de la espiritualidad *advaita* (que literalmente significa no-dos). Ese mensaje, que apunta a la Unidad básica de la existencia, afirma que lo único que existe es la Unidad y que, en ella, todos estamos incluidos.

Este libro encierra una cualidad profundamente compasiva que resulta difícil de expresar verbalmente y transmite también una nota sosegada de autoridad que impone respeto. Pero todo el mundo, como Jeff Foster se esfuerza en repetir, es libre de escuchar o de dar media vuelta y dirigirse hacia otro lado. Y es que hablar, en su opinión, de no-dualidad, es hablar de lo que no puede hablarse. No es posible hablar, en suma, de no-dualidad, porque ésa es una verdad que no puede ser mencionada. Sólo podemos, en ese sentido, zambullirnos en el misterio.

¡Ése es el liberador mensaje al que debemos aproximarnos con una mente completamente abierta! No es necesario, para descubrir la verdad, ir a ningún lugar, porque la verdad se halla siempre presente, en la rotunda inmediatez de la experiencia directa. La verdad se manifiesta de continuo en lo que sucede instante tras instante. La verdad no es más que esto… y esto… y también esto. El problema es que siempre estamos huyendo de lo que se halla frente a nosotros… como si, con ello, no tuviéramos bastante. Y tampoco necesitamos sumirnos en la interminable y agotadora búsqueda de la libertad espiritual porque, en el inmenso espacio natural de nuestro ser verdadero, ya somos espiritualmente libres. Pero, si queremos acabar asumiéndola, debemos reconocer y honrar esa libertad esencial.

Lo más curioso y notable de este libro es la claridad con la que Jeff nos lleva de la mano para que podamos experimentar directamente la verdad por nosotros mismos. Y como, para ello, hay que empezar en el mismo lugar en que nos encontramos, Jeff nos invita amablemente a contemplar con ojos nuevos cada nueva experiencia. En este sentido, Jeff insiste, una y otra vez, con todo tipo de métodos originales y creativos, en que nos enfrentemos a la vida sin ideas preconcebidas y a que informemos luego de lo que descubramos.

¡Pero ojalá bastara con la cortesía para ver más claramente! Cuando uno conoce a Jeff Foster, descubre a una persona muy natural. Jeff es una persona encantadora, pero también posee una sinceridad incisiva que trasciende las evasivas y la hipocresía. La vida es demasiado corta y preciosa como para perderla en interminables discusiones relativas a la naturaleza de la iluminación, los aciertos y los errores de la auténtica práctica espiritual… o cuál es el tipo más puro de enseñanza no dual. Jeff sabe perfectamente, por experiencia propia, la importancia de la decisión de emprender y perseverar en el camino –"el menos transitado de los caminos"– hasta que todas nuestras dudas acaben disolviéndose.

Y no basta, para ello, con el mero esfuerzo… aunque eso no debe preocuparnos, porque el universo al que naturalmente pertenecemos es el que nos proporciona la fortaleza necesaria. El amor, a fin de cuentas, acaba llegando a todo el mundo… y se trata de un amor sin nombre que, finalmente, acabamos reconociendo que jamás había estado ausente.

De poco sirven, en ese sentido, las fórmulas preconcebidas y las respuestas aprendidas de memoria. Esta hermosa enseñanza directa sobre la Unidad de la vida es increíblemente sencilla, pero también está abierta a todo tipo de malentendidos. Y son muchas, como ponen claramente de relieve las siguientes páginas, las trampas que acechan a los descuidados. A veces es necesaria una guía fiel y les aseguro que, en este sentido, Jeff Foster no les decepcionará... por más que insista en que él no es ningún maestro y en que sus libros y los encuentros organizados en torno a su persona no son sino una forma de departir con sus amigos:

> *Yo no tengo el menor interés en hacer lo que el mundo me pide. Por ello compartiré, por mero gusto, este mensaje, hasta el momento en que deje de hacerlo. Habrá quienes escuchen y otros que den media vuelta y se alejen en otras direcciones, y ambas respuestas me parecerán igualmente adecuadas.*

> *Estoy tomándome una taza de té mientras contemplo las gaviotas revoloteando sobre el embarcadero de Brighton. Ninguna de ellas tiene la menor importancia. La idea de ser un maestro o un gurú me da risa. Yo no soy nada. El té y las gaviotas lo son todo. Pero mi nada es la totalidad del mundo y ahí, en la simplicidad más absoluta, concluye todo. Y lo único que queda es el amor.*

Jeff es un autor joven cuya sabiduría y madurez trascienden su edad y que comparte con sus lectores un secreto precioso que se olvida con demasiada frecuencia. Y la esencia de este poético mensaje afirma que la liberación nunca está lejos o, mejor dicho, que se halla en el centro mismo de la vida cotidiana, es decir, de la vida normal y corriente. La libertad está en todas partes y en todas las cosas... y no establece diferencia alguna entre lo sagrado y lo profano. Pero a pesar, no obstante, de no ser nada especial... se halla tan presente en la alegría y el asombro más inefables como en la tristeza y el dolor más insoportables. Eso está más allá de toda comprensión. No existen palabras para describirlo y la única respuesta apropiada al respecto es la humildad.

Éste no es un libro que podamos leer de un tirón y dejar luego a un lado. Es un libro serio y apasionante cuya adecuada comprensión nos obliga a leerlo y releerlo una y otra vez, sobre todo cuando el lector no entiende algo de lo que, al comienzo, se insinúa. Está escrito en un tono reflexivo, desafiante y divertido, y siguiendo su propio ritmo. Su amable armonía penetra bajo la piel del lector hasta que su magia acaba impregnando nuestros huesos, una auténtica alquimia de la transformación.

Pero todo esto, como verán, no tiene tanto que ver con las palabras como con la profundidad de los acordes que despierta. Saturadas de convicción, estas palabras tienen el poder de evocar en nuestro interior una cualidad muy especial. Una fragancia dulce y nostálgica, el reconocimiento de algo familiar, de algo que, pese a conocer íntimamente, no sabemos articular en palabras. Es la verdad, el amor y la belleza, temas inspiradores que apuntan hacia aspectos diferentes de una realidad esencial subyacente que, pese a no poder ser nombrada, sí que puede ser señalada.

El final de la búsqueda espiritual se asienta en el reconocimiento claro de "una ausencia extraordinaria". Es la ausencia completa de separación y el extraordinario descubrimiento de la auténtica presencia en el mundo en un amor y una intimidad que trascienden todo lo que anteriormente habíamos conocido.

Philip Pegler
Midhurst, Inglaterra
junio de 2009

UN NUEVO COMIENZO

Este libro es una carta de amor del Silencio al Silencio.

Las palabras brotan del Silencio y a él retornan.

Las palabras son simples olas en la superficie del inmenso Océano del Ser.

Las palabras interpretan, cantan y bailan su canción, para acabar sumergiéndose en la expansión infinita de la vitalidad.

Lee estas palabras y déjalas pasar.

Lee las palabras de este libro y despréndete luego de él.

¡Quémalo!

Las palabras sólo pueden indicar. Son indicadores. Meras señales.

Las palabras no pueden rozar ni capturar la Vida. Quizás, sólo quizás, puedan apuntar hacia ella.

Quizás, sólo quizás, las palabras puedan transmitir algún que otro indicio del sabor o la fragancia de la vida.

Las palabras de este libro apuntan hacia algo muy sencillo.

Apuntan a la Vida tal y como se despliega,
a la evidente y simple presencia de todo,
a las imágenes, olores y sonidos presentes,
a la vitalidad que se halla detrás de todo,
que todo lo mueve, que todo lo trasciende
y que lo *es* todo.

Y, más allá incluso de eso:

A la ausencia de toda persona separada y sólida,
a la inmensa abertura que, sin estar separada de nada,
todo lo sostiene.
A la extraordinaria ausencia que,
ocupando el centro mismo de la vida,
acaba revelándose como la presencia más perfecta.

Ésta es la aparente paradoja que yace en el núcleo mismo de
la creación:

Ausencia es presencia.
Vacuidad es forma.
La conciencia no está separada de sus contenidos.

Pero ¿qué es lo que queda cuando presencia y ausencia chocan e implosionan?

¿Qué es lo que queda cuando vacuidad y forma se funden y desaparecen?

¿Qué es lo que queda cuando el que ve se colapsa en lo visto y cuando sujeto y objeto se enamoran, enloquecen y se desvanecen en la nada?

¿Qué es lo que queda cuando todos los conceptos del mundo se revelan como meros conceptos,
qué es lo que queda cuando los pensamientos recuperan su ritmo natural
y la búsqueda improductiva de "la mente del mono"
llega a su fin?

¿Qué es lo que resplandece más allá del despertar,
más allá de la iluminación,
más allá de lo real y de lo irreal,
más allá de la existencia y de la no-existencia,
más allá de *lo que es* y de *lo que no es*,
más allá del yo y de no-yo,
más allá de la dualidad y de la no-dualidad,
más allá de la vida y de la muerte,
más allá de todos los más allás?

¿Qué fue lo que te dio la vida?
¿Qué fue lo que hace ya eones, te sacó de ti para que pudieras
conocerte, tocarte, degustarte, sentirte y verte?

¿Qué es lo que te sostiene, te ama y te abraza como una madre abraza a su bebé recién nacido?

¿Qué es lo que, desde el mismo comienzo, ha estado llamán-
dote, para que volvieras a ti mismo?

Esto.

Sólo *esto.*

Siempre *esto.*

Continuamente *esto.*

Ahora voy a pedirte respetuosamente que olvides todo lo que sabes, todo lo que has aprendido, todo lo que has leído sobre el despertar espiritual, la no-dualidad, el advaita, la Unidad y la iluminación, y consideres una nueva posibilidad, la posibilidad de liberarte ahora mismo, en medio de esta vida aparentemente ordinaria. Considera, pues, la posibilidad de liberarte, ahora mismo, estés donde estés.

Y ahora comencemos de nuevo.

1.
LA OLA Y EL OCÉANO

Sin razón aparente
empecé a saltar como un niño
y, sin razón aparente,
me subí a una hoja
que llegó tan lejos
que besé los labios del sol
y me disolví.

HAFIZ

MÁS ALLÁ DE LAS IDEAS

Yo no soy ningún maestro. Yo no tengo nada de lo que tú carezcas. Yo no soy, en modo alguno, especial. Eso es todo lo que quiero decir.

Si tuviera que dar un nombre a lo que estamos haciendo, diría que estamos *departiendo* amablemente. Estamos charlando, abierta y amablemente, de algo que sabemos muy bien, de algo que conocemos íntimamente. En realidad, no podría decirte, sobre esto, nada que tú ya no supieras.

De hecho, siempre lo has sabido. Yo sólo te lo recuerdo.

Hay quienes hablan del reconocimiento o de la resonancia que experimentan cuando leen o escuchan palabras que brotan de la Claridad. Esa resonancia está más allá de nuestro intelecto y de nuestra comprensión, y trasciende por completo nuestra mente pensante. De esa resonancia, precisamente, quiero hablar en este libro.

Siempre es posible que, en medio de esa resonancia, resplandezca algo nuevo. Todas estas palabras apuntan, de hecho, a una iluminación que se encuentra más allá de la comprensión y a un reconocimiento que trasciende el pensamiento. Todas esas palabras apuntan, en suma, a una abertura a algo extraordinario –aunque simultáneamente ordinario– que siempre quedará más allá de la comprensión de nuestra mente.

* * *

Cuando hablamos de no-dualidad solemos recurrir a metáforas y paradojas, porque las palabras, que fragmentan y dividen, se quedan muy cortas cuando apuntan a algo vivo y total. Ése es, en suma, un empeño tan imposible y condenado al fracaso como tratar de coger agua con una red.

Son muchas las paradojas y contradicciones que el lector descubrirá a lo largo de este libro. Pero la mente que se empeña en *comprender* intelectualmente todas estas palabras acaba completamente confundida. Ese desesperado empeño se deriva de la creencia de que, cuando comprenda, podrá poseer y, cuando posea, podrá controlar. La mente quiere controlarlo todo. ¡Ha pasado los últimos millones de años controlándolo todo y no parece dispuesta a renunciar tan fácilmente a ello!

No trates de *entender* este libro. Ábrete tan sólo a la posibilidad de que la iluminación aparezca. Sumérgete sencillamente en las palabras. Zambúllete en su presencia. Si algunos de los conceptos presentados aquí te parecen difíciles será porque lo son. No en vano desafían cualquier idea que tengas sobre la espiritualidad, sobre la vida, sobre el mundo y sobre ti mismo. No es de extrañar que sientas que algunas de estas palabras amenazan tu sensación de identidad, la idea que tienes de ti y de la verdad.

Ábrete a esta otra posibilidad. Pero debes saber que, quien ha escrito este libro, es el mismo que lo está leyendo. Debes saber que, si hay algo en este libro que te parezca difícil, cruel o poco cuidadoso, no era ésa mi intención. En modo alguno he pretendido provocarte o molestarte. Lo único que quiero es compartir contigo la posibilidad de un amor absoluto e incondicional.

Este libro ha brotado de la nada en medio de tu sueño para recordarte algo que sabías desde siempre.

* * *

Pero no son sólo las palabras de este libro las únicas que tratan de transmitir este mensaje. No son sólo estas palabras las que tratan de expresar lo inexpresable. Todo está haciendo lo mismo. Literalmente todo lo que te rodea es, de hecho una manifestación perfecta de la liberación. La expresan los olores, los sonidos, el ruido del tráfico y el movimiento. Todo está *expresándolo*, todo es una *expresión* de esto que, pese a estar en todas partes, resulta invisible. Ésa es la gran broma cósmica.

No conviene, pues, que te identifiques demasiado con las palabras pronunciadas en este libro. Esas palabras, a fin de cuentas, no son más que un fragmento provisional de la danza de la vida, simples olas en la superficie del Ser.

Quizás, si lees con un espíritu, con una mente y un corazón abiertos, si estás abierto a otras posibilidades, posibilidades que parecen contradecir todo lo que nos han enseñado, algo de lo que aquí digamos resuene en tu interior. Quizás, si hay una abertura, reconozcas algo, veas algo o se desvanezca algo.

Pero, si lees este libro con la mente o el corazón cerrados, es muy posible que acabes frustrado y decepcionado. Porque quizás, en tal caso, te identifiques tanto con las palabras que llegues a olvidar aquello a lo que apuntan. Y, si ése fuera el caso, te sugeriría que abandonases provisionalmente la lectura y no la reanudaras hasta que tu corazón y tu mente se abriesen.

* * *

Pero quisiera empezar advirtiéndote que *éste no es un libro de autoayuda*. No es un libro que verse sobre el modo de arreglar problemas. No tiene nada que ver con eso, ni siquiera ha sido escrito para que te sintieras mejor con tu yo imaginario.

Este libro gira en torno al hecho de *ver*, una palabra cuyo significado encierra todo lo que aquí tratamos de comunicar. Ver, para empezar, que tus problemas nunca fueron tuyos; ver que jamás fue necesario arreglar tu vida y ver también, por último, que ni un solo momento has estado separado de la Vida.

Aquí y ahora sólo existe *esto*, algo tan completo que es imposible de mejorar. Lo que buscabas siempre ha estado frente a ti… aunque ciertamente no tuviese el aspecto que esperabas.

Todas éstas, como ves, son buenas noticias. Como dijo Jesús, «Uno tiene que perder su vida para salvarla» y, en palabras del profeta Mahoma, «Si mueres antes de morir, desaparecerá la muerte». Lo único que queda, cuando el buscador se desvanece, es el amor.

Da la bienvenida, si estás abierto y dispuesto a escuchar y a soltar, a esta "revolución silenciosa de la espiritualidad".

LA BÚSQUEDA DEL HOGAR

Vamos directamente a la raíz:

Esto nunca nos parece suficiente.

Lo que está sucediendo ahora mismo en el momento presente
–es decir, *esto*–, nunca nos parece suficiente. De un millón de
formas diferentes, nos pasamos la vida buscando, anhelando
y deseando otra cosa.

Buscando algo más.
Buscando algo distinto.
Buscando algo diferente a lo que ahora ocurre.
Buscando algo –en el futuro– que nos satisfaga, nos comple-
te y nos salve.
Buscando respuestas… nos asaeteamos a preguntas hasta vol-
vernos locos.

Jamás hemos sabido descansar aquí, jamás hemos sabido re-
lajarnos completamente en lo que está ocurriendo. Siempre
hemos estado sometidos a impulsos que nos empujan hacia
un momento futuro en el que suponemos que las cosas irán
mejor. Y, como nuestra atención está tan atrapada en el futuro –como en su reflejo, el pasado–, lo que ahora ocurre acaba
reducido a un medio para alcanzar un fin, un simple momento en una larga secuencia compuesta por muchos otros mo-

mentos. Y, como nunca estamos contentos con *esto*, siempre estamos esperando un futuro mejor.

Eso es, precisamente, lo que llamo búsqueda. Y, en este sentido, todos somos buscadores, porque todos estamos buscando algo.

La búsqueda se expresa de un millón de formas diferentes. En el llamado mundo material tenemos la búsqueda de dinero, de felicidad, de estatus, de relaciones mejores y más satisfactorias, de una sensación de identidad más fuerte. Más cosas que nos hagan sentir más seguros. Es muy importante, en el mundo material, saber quiénes somos, hacer que nuestra vida funcione, cumplir con nuestro destino, alcanzar nuestros objetivos y satisfacer nuestras ambiciones. En el mundo material, es muy importante triunfar. La búsqueda se inicia, a fin de cuentas, para ser alguien en el mundo. Queremos hacer algo con nuestra vida antes de morir.

Por ello el mundo material suele ser tan insatisfactorio. Y por ello nos orientamos también hacia las enseñanzas espirituales. Pero nuestro objetivo, a partir de entonces, deja de ser el de tener un millón de libras esterlinas en nuestra cuenta corriente, un coche más rápido o un matrimonio más satisfactorio. Ahora queremos despertar. Ahora queremos la iluminación. Ya no queremos un nuevo coche, sino acceder a un estado alterado de conciencia. Ya no queremos una nueva relación, sino la beatitud permanente. Y, en lugar del éxito mundano, queremos la iluminación, queremos perder algo llamado ego y trascender algo llamado mente.

Pero no, por ello, la búsqueda espiritual deja de ser, como la material, una búsqueda. En ambos casos, tanto si se trata de

la búsqueda de riqueza material como de la búsqueda de iluminación espiritual, se trata del mismo movimiento mental,
es decir, de una búsqueda, de un movimiento que se orienta
hacia un futuro inexistente.

Es la búsqueda, para *mí*, de algo en el futuro.

Lo que se halla, pues, en la raíz de toda búsqueda es el "yo".

Quiero tener, en mi cuenta corriente, un millón de libras y
también quiero tener, para *mí*, la iluminación espiritual. ¡*Yo*,
yo y más *yo*!

En el núcleo mismo de toda búsqueda se asienta la sensación de un individuo, una identidad, una persona o un yo separado.

La sensación de ser una entidad separada de la vida, separada de *esto*, separada de los demás, separada del mundo y separada de la Fuente.

En el núcleo mismo de toda búsqueda se halla la sensación
de incompletud, la sensación de no estar completos, la sensación de estar fragmentados, perdidos, alienados y, en suma,
alejados de nuestro verdadero hogar.

Esta sensación de carencia impregna todos los resquicios de
la vida del individuo separado. El yo separado siempre repite
el mismo mantra: «No es suficiente, no es suficiente». Y esta
sensación de carencia no es exclusivamente intelectual. No
es una mera creencia, sino la sensación, tan profundamente
arraigada que impregna toda experiencia, de no estar en casa.

En algún momento estuvimos en casa, pero ya hemos dejado de estar ahí. Y, en tanto que individuos separados, vivimos angustiados por el recuerdo difuso de una intimidad tan próxima que ni siquiera podemos nombrarla.

Es como cuando, en la infancia, nuestra madre nos dejaba solos en la habitación. Súbitamente desaparecía y nos veíamos desbordados por una añoranza y una nostalgia que, pese a ser inexplicables, parecían dirigirse al núcleo mismo de nuestro ser.

Esta nostalgia parece brotar directamente de la sensación de ser una persona separada.

Pero, como veremos, no es nuestra madre lo que realmente añoramos. Nuestra madre no es más que el símbolo de algo mucho mayor. Lo único que queremos es regresar a la Fuente, regresar al Océano, regresar a casa… regresar, en suma, a lo que éramos antes de que todo esto comenzase.

*   *   *

Donde hay separación también hay *nostalgia*, la nostalgia de acabar con la separación, de curar la división, de poner fin a la sensación de contracción y de expandirnos de nuevo en la inmensidad.

Es como el anhelo de la ola de volver a fundirse con el océano. Aunque no nos demos cuenta de que jamás hubo ola separada del océano, la ola siempre fue una manifestación perfecta del océano. La ola siempre estuvo empapada, empapada de Ser, siempre fue 100% agua.

Jamás hemos estado separados del océano. Jamás hemos estado separados de la totalidad. Lo único que existe es el sueño de esa separación. Pero siempre, a pesar de ello, hemos estado buscando el camino de regreso a nuestro hogar.

Obviamente, jamás lo reconocimos así, porque esta añoranza se manifestó como el deseo de un coche nuevo, de tener más dinero, de tener a ese hombre o a aquella mujer. Pero, por mundana que fuese su manifestación, siempre hemos añorado secretamente *perder* el mundo y zambullirnos en la Vida.

LA POSIBILIDAD
DE LA LIBERACIÓN

Este libro gira en torno a la posibilidad de que la búsqueda de nuestro verdadero hogar sea una búsqueda vana, porque lo cierto es que jamás lo hemos abandonado. Siempre hemos estado en casa.

En las siguientes páginas contemplaremos la posibilidad de acabar con la búsqueda, la incesante y agotadora búsqueda de algo más, de algo "fuera de aquí", de algo, en el futuro para "mí".

Pero esa búsqueda puede acabar definitivamente.

…y, con ella, también puede acabar la sensación de ser una persona separada. Porque, cuando la búsqueda desaparece, también desaparece la sensación de ser un buscador separado.

Y lo que, en ausencia de ese buscador, puede revelarse… está completamente más allá de las palabras.

Lo que entonces puede revelarse es… la liberación.

La liberación en plena vida cotidiana.

La liberación en el mismo lugar en que te encuentres.

Y, para una mente atrapada en la búsqueda espiritual, para una mente atrapada en creencias, prácticas e ideologías, la simplicidad de lo que entonces se revela es sorprendente, sencillamente sorprendente, asombrosamente sorprendente.

Y no tiene absolutamente nada que ver con lo que anteriormente creíamos.

¡Son tantas, Dios mío, las ideas que tenemos sobre la liberación! ¿Pero qué otra cosa podrían ser esas ideas sino pensamientos, conceptos y recuerdos traídos del pasado? Nuestras ideas sobre la liberación son siempre de segunda mano.

No hay idea ni concepto que pueda contener la belleza de *esto*. Esto es demasiado vivo, demasiado presente.

Esto es la muerte del individuo separado, la muerte del buscador y la zambullida en algo mucho más misterioso.

EL JUEGO DEL ESCONDITE

Parece como si alguien –yo– hubiese escrito un libro sobre algo llamado no-dualidad que otra persona –tú– está ahora leyendo. Ése es el sueño.

Pero lo que realmente está ocurriendo –no sólo aquí sino en cualquier otro lugar– es completamente extraordinario. Lo que realmente está ocurriendo es que la *Unidad se encuentra consigo misma*, se ve a sí misma de un millón de formas diferentes y disfruta con ello.

Ahora mismo, la Unidad aparece como *esto*, como un cuerpo sentado en una silla sosteniendo un libro entre sus manos. Y también aparece como el suelo, como las paredes, como el latido del corazón, la respiración, los colores, los olores, los sonidos y todo lo que ahora mismo esté apareciendo.

La Unidad aparece como todo, absolutamente todo lo que ahora mismo está ocurriendo. Eso es, de hecho, lo que ocurre. La Unidad lo *es* todo.

Esta vitalidad extraordinaria está ahora mismo –como siempre lo ha estado– mirándonos directamente a los ojos. ¿Y cómo puede ser que nunca la hayamos visto? ¡Cuando la reconocemos resulta evidente pero, hasta entonces, parece estar completamente oculta! ¡Es como si jugase con nosotros al juego del escondite!

Desde cierta perspectiva, la Unidad parece estar oculta. Tan oculta que, a pesar de presentarse, a lo largo de toda nuestra vida, disfrazada de todo, literalmente de todo, jamás lo hemos advertido.

Y, como lo es todo, absolutamente todo, no existe, en realidad, nada oculto.

¿Qué mejor escondite, si quisieras ocultarte con la seguridad de que nadie te descubriría, que disfrazarte de todo lo que es?

¿No te asegurarías, si quisieras que algo pasase completamente desapercibido, de serlo todo?

* * *

Nada de esto debe ser entendido.

Si pudieses entenderlo, sólo serías una persona que habría acumulado unos cuantos conceptos sobre la no-dualidad, una persona con unas cuantas *ideas* sobre lo que es esto.

Pero esto no tiene nada que ver con la comprensión. Esto es más bien una caída. La caída en el sorprendente misterio de la vida. La caída en el no-conocimiento.

Una caída en la que el buscador acaba desapareciendo.

LA OFRENDA

Sumido en el sueño de la separación, eres un individuo con decisión y libre albedrío. Sumido en el sueño, pareces haber decidido leer este libro. Decides ir a la librería o pedírselo a un amigo y luego decides cogerlo, sentarte y empezar a leer. Sumido en el sueño, pareces decidir sentarte en la silla de un determinado modo, desplazar los ojos por las páginas y creerme o no. Pareces decidir aburrirte, interesarte o disfrutar con las palabras. ¡Son muchas, pues, las decisiones que, en el sueño, pareces estar tomando!

Sumido en el sueño, decides el camino que te ha traído hasta aquí.
Sumido en el sueño, te reconoces como el que ha posibilitado todo esto.
Sumido en el sueño, te reconoces como el autor de todo esto.
Sumido en el sueño, pareces ser el *creador*.

Con la desaparición, no obstante, de toda esa historia de la decisión, con la desaparición de la historia según la cual, en el centro de tu vida, eres una persona separada y sólida, de la historia de que tú lo has hecho todo y has creado todo esto, no tienes modo de saber lo que ha ocurrido. No hay modo, con la desaparición de la historia de la decisión, de saber cómo ha ocurrido todo esto.

Y entonces abres los ojos y te encuentras, como un recién nacido, con todo *esto*. Cuando el individuo desaparece, ves esto por vez primera. Miras y te descubres sentado en una silla. Y por más que tengas la sensación de que la silla no debería estar ahí, lo cierto es que ahí está. Y por ello te sientes sumamente agradecido.

Miras y descubres –¡Dios mío!– una silla que se ofrece y te sostiene incondicionalmente y sin pedirte nada a cambio. Es realmente extraordinario.

La silla no se pregunta quién eres. A la silla le da lo mismo quién *creas* ser. A la silla no le interesa lo que hayas hecho o dejado de hacer. No le preocupa lo que hayas logrado o dejado de lograr, lo que creas o dejes de creer. Le da lo mismo si eres un triunfador o un fracasado, o si has alcanzado o no tus objetivos. Le da lo mismo si crees estar iluminado o no estar iluminado. Le da lo mismo tu aspecto y el modo como estés vestido. Le da lo mismo si estás sano o enfermo, si eres budista, judío o cristiano, si eres joven o viejo, y si entiendes o dejas de entender. Lo único que la silla hace es ofrecerse de manera incondicional.

El mensaje es muy sencillo y lo transmite algo tan normal y corriente como una silla.

Y no sólo una silla, sino todas las cosas. Todas las cosas se ofrecen de manera incondicional.

El secreto es éste:

La vida, en realidad, no es tal. Es una ofrenda.

Y *esto* es lo que ahora mismo nos está ofreciendo. Nos ofrece el momento presente. Nos ofrece todo lo que está ocurriendo aquí. Nos ofrece esta presencia y esta vitalidad. Nos ofrece todo un mundo aparente, un mundo lleno de imágenes, sonidos y olores en cuyo interior no hay absolutamente nadie. Pero, a decir verdad, tampoco hay aquí ningún mundo. Lo único que hay es *esto*.

Y siempre, con la misma mirada inocente de un niño, ves esto por vez primera. Las palabras ni siquiera pueden llegar a rozarlo.

¡Esto, para la mente, es una auténtica locura! La mente dice: «¿Pero cómo no va a haber ahí una silla? ¡Si fui yo mismo quien la puso! ¡Fui yo quien puso en marcha todo esto!». Pero la mente ni siquiera puede empezar a entender la maravilla de *lo que es*. No te preocupes por ello, no es necesario. No porque no haya nadie que la reconozca ni la valore, la sorpresa es, por ello, menos sorprendente.

*   *   *

Pero sigamos un poco más. Mira la ropa que te cubre, te calienta y te protege del sol.

Mira cómo ocurre la respiración. Inspiras y exhalas, dentro y fuera, sin necesidad de realizar ningún esfuerzo. Y todo ello sin pedirte nada, absolutamente nada. Y la respiración también se halla presente mientras te hallas sumido en el sueño profundo sin sueños, cuando no hay nadie ahí para saberlo. ¡La respiración sucede aun en tu ausencia! No estás ahí, pero la ofrenda sigue presentándose.

Y tu corazón sigue latiendo, bombeando sangre a todo el cuerpo, sin pedirte absolutamente nada a cambio. Es una ofrenda totalmente gratuita. Y un buen día desaparecerá. Un buen día el corazón dejará de latir. Pero *ahora está latiendo*. Un buen día la respiración dejará de presentarse. Pero *ahora está presentándose*. No tenemos nada asegurado, ni otro día, ni otra hora ni otro instante. Todo eso es algo que recibimos de manera gratuita, completamente gratuita.

Todo es gratuito. Las sensaciones corporales, los sonidos, el frescor de la brisa y hasta los pensamientos que, originándose en ningún lugar, acaban disolviéndose en ningún lugar. Ésa es la gracia. Ésa es la Unidad. Y nada parece ocurrir como creíamos. ¿Quién hubiese pensado que la liberación, o llamémosle como la llamemos, fuese tan sencilla y evidente? ¿Quién hubiese dicho que la liberación consistiese tan sólo en ver claramente lo que es? ¿Quién hubiese dicho que se trata simplemente de ver claramente la vida tal cual es?

A la mente le disgusta este mensaje, porque pone fin a su historia de control, a su futuro y a su búsqueda. Esto, para la mente, se asemeja a la *muerte*. Por ello responde: «¡No, no puede ser! ¡Es demasiado ordinario! ¡Esperaba mucho más! ¡Quería mucho más que el simple hecho… de estar sentado en una silla!».

Esto, para la mente, resulta demasiado *ordinario*.

Pero es la búsqueda de lo extraordinario, mira por dónde, la que convierte a esto en algo ordinario. Siempre ha sido la búsqueda de algo *fuera de aquí* la que ha convertido a esto en algo ordinario y aburrido. ¡Nos aburrimos tanto de *esto* que queremos *eso*! ¡Nos aburrimos tanto de esto que queremos despertar *de* esto!

La búsqueda espiritual siempre ha estado arraigada en un rechazo del momento presente. La búsqueda de la vida siempre ha sido un movimiento de alejamiento de lo que es.

Pero, cuando desparece la búsqueda de lo extraordinario, *esto* deja de ser ordinario. Cuando desaparece la búsqueda –y, con ella, desaparece el buscador–, esto deja de ser "ordinario". Entonces es cuando los opuestos se funden y ya no hay modo, con palabras, de nombrar lo que queda.

Si miramos a un recién nacido o a un niño muy pequeño veremos en él una sensación de sorpresa y asombro ante la vida *tal cual es*. Pero los adultos parecemos habernos alejado de la inocencia y de la simplicidad infantil. Los adultos nos convertimos en personas serias y perdidas en la búsqueda, esforzándonos en tratar de ser alguien, esforzándonos en la búsqueda del éxito y esforzándonos en que todo sea perfecto. Por ello siempre estamos tan agotados.

Por debajo de esa búsqueda, no obstante, todos somos bebés recién nacidos. Todavía seguimos viendo el mundo por vez primera. Lo único que ocurre es que estamos perdidos en el juego de *devenir*. Eso es todo.

CAMBIAR
LOS MUEBLES DE SITIO

Una de las respuestas que la mente puede dar, cuando trata de procesar toda esta información, es la siguiente:

¿Cómo podríamos, si la búsqueda es el problema, renunciar a ella?

Pero, de ese modo, volvemos a sumirnos en el juego de la búsqueda… porque buscar el final de la búsqueda quizás sea la mayor de todas las búsquedas.

No se trata de renunciar a nada. No se trata de renunciar a nuestra práctica espiritual, de renunciar a nuestra meta ni de renunciar siquiera a la búsqueda. No se trata, en modo alguno, de concluir que la búsqueda sea el problema, no se trata de concluir que, como todo es búsqueda, deberíamos renunciar a la vida y sentarnos sin hacer nada. No, no se trata, en modo alguno, de rechazar nada.

Nada, en el sueño, como ves, tiene que cambiar. Por ello este libro no se parece a ningún otro libro de espiritualidad. Son muchos los libros espirituales que insisten en la necesidad de cambiar tu vida, de cambiar tus actitudes, de cambiar tu conducta o de cambiar tus pensamientos, de cambiar, en suma, los muebles de la habitación del Gran Hotel de la Vida para convertirla en un lugar más cómodo. No, este libro no habla del modo de cambiar los muebles. ¡Pero, si quisiera una habitación más cómoda, por supuesto que debería cambiar los muebles de lugar!

Lo único que sugiero es que, aunque no te des cuenta de ello, "tu vida", *tal cual es, ya es perfecta.*

Imagina que una noche, mientras duermes, tienes un sueño, durante el cual ocurren muchas cosas que te parecen completamente reales. Pero, cuando finalmente despiertas, te das cuenta de que, en realidad, nada de lo que estabas viviendo había sucedido.

No, no tienes que cambiar el contenido del sueño. ¿Acaso, cuando despiertas, te empeñas en cambiar el sueño? Basta con que te des cuenta de que sólo se trataba de un sueño. Cuando reconoces al sueño como tal, el soñante desaparece y todo lo que pueda haber ocurrido deja de afectarte.

Esto se asemeja a lo que ocurre cuando estás viendo una película. Nadie se sienta en la butaca del cine tratando de cambiar o manipular la película. Lo único que, en tal caso, hacemos, es ver la película. Y, mientras tanto, no hay separación alguna entre la película y quien la contempla. Lo único que hay, cuando uno está completamente absorto viendo una película, es lo que está ocurriendo. Y uno ríe o llora según el despliegue de las imágenes de la película. Uno se olvida de sí mismo y acaba disolviéndose en la película.

Por ello nos gusta ir al cine. Cuando estamos contemplando una película no tenemos que hacer absolutamente nada, Lo único que tenemos que hacer es dejar que lo que ocurra se derrame sobre nosotros. O, mejor dicho, lo único que tenemos que hacer es *dejarnos arrastrar* por la película. Entonces es cuando el pasado y el futuro se desvanecen y dejan paso a lo que está ocurriendo. Y, puesto que lo que está sucediendo en la pantalla no es esencialmente real, uno puede sumergirse plenamente en la experiencia, puede relajarse y zambullirse sin reservas y reír, llorar y entusiasmarse con lo que ocurre, como si realmente estuviese ocurriendo. Es su irrealidad, de hecho, la que –durante un rato, al menos– la convierte en algo tan real. Y ésa es también la aparente paradoja que yace en el núcleo mismo de la experiencia. La vida es como una gran película, la mayor de las películas que jamás se haya filmado.

Cuando sales del cine, la película sigue siendo una película y, cuando despiertas, el sueño sigue siendo un sueño. Pero por más que, esencialmente hablando, no sean reales, cuando nos zambullimos en ellos parecen serlo.

Tu historia, la historia de tu pasado y la historia de tu futuro, no son esencialmente reales, sólo parecen serlo cuando estás hipnotizado por la película de tu vida, por el sueño de tu vida. Y en algún momento de la historia aparece la invitación a despertar. En ese momento, sin embargo, la historia no desaparece, sino que sigue desplegándose, pero podemos ver a través de ella. Entonces es cuando la historia se torna transparente. La película sigue, pero entonces ya sabemos que se trata de una película.

Entonces nos damos cuenta de que nada de lo que ocurra puede dañarnos. Y, por más tristes o espantosas que sean las escenas, no dejan en nosotros la menor cicatriz.

Entonces es cuando nos convertimos en la pantalla en la que se proyecta la película. Entonces es cuando nos damos cuenta de que nada de lo que ocurre en la película nos afecta. La pantalla deja amorosamente que todo se proyecte sobre ella, tanto las escenas de miedo como las escenas de alegría, absolutamente todo. Y, cuando la película concluye y el público abandona la sala, la pantalla sigue tan nueva e impoluta como antes de comenzar la proyección.

¡Pero, desde la perspectiva de la pantalla, no hay nada que empiece ni nada que concluya! No hay, desde la perspectiva de la pantalla, tiempo ni espacio. El tiempo y el espacio son cosas de la película y, cuando no se proyecta nada, tiempo y espacio carecen de todo sentido.

En la liberación, el tiempo y el espacio son vistos como lo que son, meros conceptos.

Este libro no pretende resolver ningún problema. Los problemas se mueven en el mundo de los sueños. Personajes oníricos tratando de solucionar problemas oníricos. Personajes virtuales tratando de resolver problemas virtuales.

El personaje cree en la realidad de sus problemas pero éstos, obviamente, son tan reales como él. Cuando acaba su escena, el actor se desmaquilla, se cambia de ropa y vuelve a casa. Cuando le damos al botón de "eject", el DVD sale del reproductor y todo se desvanece. Y, cuando acaba la película, los rollos vuelven de nuevo a sus cajas y se apagan finalmente las luces. Tus problemas son, en suma, tan reales como tú.

AQUÍ NO HAY NADIE

Toda tu vida apunta hacia tu ausencia.

Y aun el más intenso de los sufrimientos señala la ausencia de alguien que sufra.

No hay, en el centro del sufrimiento, en el núcleo mismo del sufrimiento más intenso, nadie que sufra. Aun el mismo sufrimiento apunta hacia la ausencia de una persona separada y sólida. Esto puede ser muy difícil de entender. Presta, pues, mucha atención.

Hay sufrimiento, pero nadie que sufra. El sueño y el sufrimiento se derivan de la creencia de que aquí hay una *persona*. Pero eso no es así. Lo único que hay es sufrimiento, sólo existe sensación, pero nadie a quien le esté ocurriendo. Sólo la aparente presencia de la vida, sólo imágenes, sonidos y olores, pero absolutamente nadie en medio de todo ello. Sólo una ausencia que, paradójicamente, es la más absoluta de las presencias. Es nadie jugando a serlo todo.

Los pensamientos están ahí, pero no hay nadie que los piense.

Hay una silla, pero nadie está sentado en ella.

No hay nadie, aquí, que esté respirando. No hay nadie que esté viendo ni nadie que esté escuchando. La respiración ocurre por sí sola. La habitación, el libro y las palabras escritas de la página sencillamente aparecen. Se abren los ojos y aparecen. Los sonidos sencillamente suceden.

«Estoy respirando. Estoy viendo. Estoy escuchando» –ésa es la *historia*.

Antes de la historia no hay absolutamente nada. Antes de la historia "yo soy una persona, sentado en una silla y leyendo un libro" no hay persona, silla ni libro. Antes de la historia del "yo" no hay aquí nada ni nadie que lo sepa. Antes del "yo" no podemos decir absolutamente nada al respecto. Lo único que hay es el misterio. E incluso eso tampoco es cierto.

De ese misterio, brota el "yo". Y, en el momento en que aparece un "yo", aparece también algo llamado "mundo". Antes de esa contracción, sin embargo, no hay mundo. El mundo emerge en el mismo instante en que lo hace el "yo". Expansión y contracción. Creación y destrucción. Ése es el latido del cosmos.

EL MITO DE LA ILUMINACIÓN

La liberación no es algo que me afecte a mí y no a ti. Este mensaje no tiene que ver con personas despiertas o iluminadas transmitiendo su comprensión a los demás.

No hay personas despiertas ni personas iluminadas… porque, en realidad, no hay personas.

Quienes afirman estar iluminados y quienes dicen «yo estoy despierto y tú no» o «yo veo esto y tú no», son personas que todavía creen en la separación. ¡Pero "yo estoy despierto y tú no" es una forma extrema de separación! Para poder decir eso, es necesario un punto de referencia, un "yo" que se compare con un "tú". Y ese "yo", al despertar cada mañana, debe recordar además que está iluminado.

Pero, cuando el juego del "yo y del tú" desaparece, cuando esos puntos de referencia se desvanecen, lo único que queda es el misterio.

No hay modo de saber, cuando todo eso se desvanece, que uno está despierto.

No hay entonces modo alguno de saber nada, porque no hay palabras para referirse a lo que *esto* es. Y, como ocurre con los recién nacidos, todo se nos ofrece entonces como si lo viésemos por vez primera. Nada tiene nombre y, como Adán en el jardín del paraíso, empezamos a nombrarlo todo desde cero.

Las personas despiertas y las personas iluminadas son meros sueños. El único que quiere despertar es el personaje onírico y, cuando finalmente despierta, resulta que ha despertado del sueño.

NADA CAMBIA Y TODO CAMBIA

¿Qué haríamos si realmente existiera algo llamado despertar? ¿Cómo diablos, si ni siquiera podemos ver lo que se halla frente a nuestras propias narices, la gracia o la maravilla de estar sentados en una silla, podríamos ver este supuesto despertar cuando finalmente lo alcanzásemos? ¿Cómo podríamos, si ni siquiera podemos ver *esto*, ver algo, en el caso de que realmente existiera, llamado despertar?

Empieza con esto. Empieza aquí. Empieza viendo *esto*.

Y lo más divertido es que, cuando ves *esto*, dejas de querer *otra cosa*.

Porque, cuando ves esto, también ves que basta con ello.

Basta con estar sentado aquí, en esta silla, respirando. Esto es más que suficiente.

Y, cuando ves esto, debes sumirte en la vida ordinaria. Todavía debes despertar por la mañana, vestirte, dar una vuelta, acarrear agua, cortar leña y hacer las cosas que habitualmente solías hacer.

Nada ha cambiado y todavía tienes que vivir una vida completamente ordinaria.

Pero, al mismo tiempo, todo ha cambiado, porque la grave-dad ha desaparecido, la seriedad se ha desvanecido y la bús-queda ha concluido.

El buscador ha muerto.

Y, cuando nada ha cambiado y todo ha cambiado, te das cuen-ta de que, desde el mismo comienzo, lo único que ha existi-do es el milagro.

Este libro aspira a compartir una posibilidad, la posibilidad de que la búsqueda concluya con la desaparición de la sensa-ción de ser un individuo separado y la correlativa zambullida en el Amor Incondicional.

2.

LO EXTRAORDINARIO
EN LO ORDINARIO

No hay "modo" alguno de liberarse.
Si pregunta "cómo puede liberarse"
es que no está escuchando.

J. Krishnamurti

¿Qué es la no-dualidad Jeff?

Ésa es *la cuestión* ¿no es cierto? La expresión "no-dualidad" significa "no dos", lo que apunta al hecho de que, de algún modo, todo es Uno. Aunque parezca que, en el mundo, haya cosas separadas, personas separadas e individuos separados, aunque parezca que existan un pasado, un futuro y objetos separados, todo, en realidad, es Uno. Y la búsqueda espiritual consiste, de hecho, en la búsqueda de esa Unidad.

Nosotros creemos que, para sentirnos completos, necesitamos algo más. ¿No te parece que eso es, en cierto modo, muy humano?

Así es. Y la búsqueda se origina en la sensación de separación. Empiezo a buscar porque me siento separado. En el mundo material se trata de la búsqueda de dinero, de fama, de relaciones mejores y de una sensación de identidad más fuerte mientras que, en el mundo espiritual, por su parte, se trata de la búsqueda del despertar, de la iluminación y de la liberación. Pero, en ambos casos, sin embargo, se trata de la misma búsqueda.

Es la búsqueda de la completud, la búsqueda de nuestro hogar. Pero lo que quiero decir es que tú jamás has abandonado tu hogar. Esa Unidad es lo único que existe. Y esa Unidad está aquí y ahora y jamás nos hemos separado, de ella, lo más mínimo.

Y, cuando vemos esto claramente, se desvanece toda búsqueda.

¿Y cómo nos sentimos entonces?
(*Risas*) ¡Es muy difícil, como sabes, hablar de eso! ¡Y es que, cuando tal cosa ocurre –me refiero, claro está, a la desaparición del yo separado–, ya no hay nadie ahí para experimentarlo!

¿Pero a qué te refieres exactamente cuando dices que "ya no hay nadie ahí"?

Por decirlo simplemente, el pasado y el futuro ya no están ahí. La sensación burda de ser una persona separada del mundo ya no está ahí. Lo único que existe es lo que está ocurriendo.

Y tampoco hay nadie para conocer eso. Eso no puede ser conocido. Se trata de una zambullida en lo desconocido que es, de hecho, por decirlo de otro modo, donde siempre hemos estado.

¿Pero uno piensa todavía? ¿Todavía aparece el pensamiento?

Así es, el pensamiento todavía aparece. El pensamiento todavía se presenta. Pero entonces deja ya de ser un problema, porque no hay nadie que lo utilice para construir, con él, una identidad.

Nosotros crecemos en el mundo y utilizamos las cosas. Tratamos de ser algo. Bien podríamos decir que la condición humana consiste en el intento de ser alguien, de ser algo, de poseer y de aprehender. Pero cuando, finalmente, todo eso desaparece y se libera, puede ser lo que es de un modo completamente ajeno a nosotros. Y es evidente que ahí puede aflorar de todo, desde pensamientos hasta sonidos, olores y sensaciones corporales. Pero no existe la menor noción de que algo de eso sea mío, no existe la menor sensación de ser una entidad separada que controle todo eso.

Aparecen, pues, los sonidos, pero no hay nadie que los escuche. No hay nadie que piense "¡Estoy haciendo esto! ¡Estoy escuchando!". El "yo" que, hasta entonces, había ocupado el centro de mi vida acaba develándose como una ilusión. Entonces es cuando la vida revela su falta de centro. ¡Pero eso no significa que cese! La gente tiene la idea errónea de que, en el momento de la liberación, todo se detiene. Pero eso no es cierto. Lo único que queda entonces es una abertura. Una abertura a lo que es. Un permitir que lo que es sea. Pero –¡y esto es lo más difícil de entender!– eso no es algo que uno haga.

¿Qué le sucede entonces a nuestra personalidad?

¡Es la personalidad a través de la que vemos! Lo que reconocemos entonces es la inexistencia de una entidad fija llamada "yo".

Pero todavía hay cosas que nos gustan y cosas que nos desagradan, sólo que entonces dejamos de estar sometidos a ellas. ¿No es así?

Sí. Todo es entonces muy divertido. Y, cuando es necesario, juegas a ser Jeff. ¿Dónde está el personaje de Jeff? No es más que un pensamiento que emerge ahora.

Pero ése no es un estado especial en el que yo me encuentre. Ése es un estado accesible a todo el mundo, porque tú no eres más que un pensamiento. Pasado y futuro son meros pensamientos que emergen en el presente.

¿Eres consciente de los cambios que experimenta la personalidad? ¿No va perfeccionándose acaso con el paso del tiempo? ¿No va desprendiéndose de ciertos lastres?

Resulta muy difícil hablar de esto sin que el personaje de Jeff parezca especial. En realidad es muy normal y muy corriente. Es un regreso a lo que siempre fue, a lo que, aunque no pudiésemos ver, siempre ha estado aquí. Nos hallábamos tan perdidos en el juego de la búsqueda que ni siquiera nos dábamos cuenta de lo que teníamos delante de nuestras propias narices.

He conocido a personas que afirmaban hallarse en un espacio iluminado, en un espacio despierto, llamémosle como lo llamemos. Y no cabe la menor duda de que, en tales casos, ocurre algo muy especial. Pero, en ciertas ocasiones, me daba cuenta de que su personalidad se hacía cargo de la situación. ¿Es posible que la personalidad no tenga la menor influencia?

Al ver esto, nos damos cuenta de que en el centro de mi vida –en el fundamento sobre el que erigimos toda nuestra vida–, no hay ningún "yo". Pero, a pesar de esa desaparición, la mente, el pensamiento, la personalidad o llamémosle como queramos, todavía parece tener un impulso. Como la mente sólo ha conocido la búsqueda, puedes volver a ella. Y es que, en el momento en que crees estar despierto, no lo estás, porque la mente vuelve hacia atrás.

Como crees haber despertado, crees estar separado y ser especial.

Así es. Y, en la medida en que crees estar despierto, iluminado o liberado, hay un "yo" que piensa eso. La idea del logro personal es la cosa a la que más difícil resulta renunciar. Yo pasé mucho tiempo creyendo estar iluminado, pero debo decirte que ésa no era más que una creencia. Eso también era separación. "¡Yo estoy iluminado y tú no!" es, a fin de cuentas, una forma de separación que va acompañada de una sensación de superioridad, porque creía ser alguien especial.

Pero todo eso, sin embargo, acabó desvaneciéndose. No era real. Y, aunque fuese la última de las ilusiones, *seguía siendo*, no obstante, una ilusión. Al ego le gusta sentir que está iluminado… ¡y proclamar luego a los cuatro vientos su iluminación!

¡Vaya engaño! ¿No es cierto?

Así es. Porque lo cierto es que no hay ningún "yo" que pueda estar o dejar de estar iluminado.

¿Se desarrolla, aunque no sé si ésta es la palabra exacta, este estadio? ¿Evoluciona? ¿Está sometido al cambio? ¿Hay, en él, algún tipo de movimiento?

Lo único que hay es lo que está ocurriendo y todo lo demás se desvanece en el trasfondo. *Esto* ya es completo. La vida ya es completa y, en esa visión, lo que no es real acaba consumiéndose y desvaneciéndose. Y eso parece requerir tiempo. Pero se ve con toda claridad que sólo existe esto y que sólo existe ahora. Hablar, por tanto, de un Jeff que cambia ha dejado, para mí, de tener sentido.

Recuerdo que, en cierta ocasión, hablé con una persona a la que le había ocurrido algo muy importante. Era como si, en su caso, el trasfondo hubiera pasado a primer plano y el primer plano al trasfondo. Los puntos de referencia habían cambiado, las cosas se habían consumido y contemplaba la vida desde una perspectiva completamente diferente.

Pero *esto* siempre ha estado aquí. No es un nuevo punto de referencia. Esto es algo que ven los niños y los recién nacidos.

¿No se sienten acaso separados cuando nacen? ¿O acaso se sienten interconectados?

Ni siquiera sienten eso. Lo único que hay es lo que está ocurriendo. No hay nadie que diga «me siento conectado, me siento uno con todo lo que está ocurriendo». No, lo único que hay es la espontaneidad, lo único que hay es lo que está ocurriendo. Pero los adultos tendemos a alejarnos de esa espontaneidad, de esa simplicidad y de esa sensación de vitalidad. En nuestro intento de ser alguien, acabamos convirtiéndonos en personas muy serias y muy densas. Estamos tan ocupados buscando algo más, algo para *mí*, que acabamos perdiéndonos *esto*, lo que está sucediendo.

¿Pero no es ése acaso el juego?

Así es. Ése es el juego.

¿Y hay alguna forma de no caer en él? Dicho de otro modo ¿los niños pueden permanecer en ese espacio?

Espero que sí. Pero mira, en la Unidad no hay errores. El juego tiene que jugarse. Sólo podemos ver la separación y el sufrimiento si se despliegan. Es como si estuvieran ahí para despertarnos. Cuando echo un vistazo retrospectivo a mi vida, al sufrimiento y a la búsqueda que entrañó, me doy cuenta de lo mal que lo pasé. Pero también reconozco que fue así porque así *debía* ser y no por ninguna otra razón. No existe, en este sentido, posibilidad alguna de error.

Cuando hablamos de la historia de tu vida, comentaste que pasaste momentos muy difíciles, momentos en los que fuiste muy infeliz. Resulta comprensible que, como forma de salir de ahí, orientases tus pasos hacia la meditación y la indagación en ti mismo.

Así es. La búsqueda fue un intento de escapar del malestar que me embargaba. Toda mi vida había sido muy infeliz, pero esa situación alcanzó un punto crítico a eso de los veintipico años, una época en que sufrí mucho y lo pasé muy mal.

¿Y, en medio de todo ello se hallaba la futilidad de tu vida?

Sí. Es el problema que acompaña a la sensación de ser una persona separada. Me sentía completamente solo. Sentía que el mundo se despreocupaba de mí. No podía encontrar ninguna relación. Me sentía completamente aislado.

¿El juego, para ti, había dejado de funcionar?

Así es. Ya no me servía.

Había sido bendecido con un intelecto muy agudo y supongo que era muy inteligente. Pero, a pesar de ello, sin embargo, me odiaba, pura y simplemente, a mí mismo. Y también odiaba mi aspecto. La vida me parecía una carga muy pesada. No quería, al llegar el día, levantarme de la cama. Todo se me antojaba cuesta arriba. Y creo que eso fue lo que, durante la mayor parte de mi vida, había experimentado. Por supuesto que nunca me di cuenta de lo mal que me encontraba. Lo único que entonces pensaba era: «Esto es lo que soy y, por tanto, esto debe ser lo que me corresponde».

¿No trabajaste tu personalidad? Habrá quienes digan que, debido quizás a algunas experiencias negativas de tu infancia, tu personalidad no se había desarrollado adecuadamente.

Pero es que, hablando en términos generales, yo creo que mi infancia fue *feliz*. Me sentía querido por mis padres y nunca me faltó de nada. Pero interiormente, sin embargo, todo me resultaba demasiado difícil. Yo odiaba lo que era.

¿Cómo sabías quién eras, cuando dices que odiabas lo que eras?

Ése es precisamente el problema. ¡Yo *sabía* quién era!

¿De modo que te sentías separado de los demás y había algo con lo que no podías llegar a conectar?

Siempre me sentí una persona muy pequeña en un mundo muy grande. Me sentía insignificante. Y creía que ése era el paroxismo de la separación. Ahí estaba yo. Eso es, en cierto modo, lo que todos sentimos. Todos nos sentimos personas muy pequeñas en un mundo muy grande, un mundo de nacimiento, sufrimiento, envejecimiento y muerte.

Sabemos que moriremos, pero pensamos: «¡A mí eso no me ocurrirá!». La muerte, para la mayoría de nosotros, es algo que queda lejos, muy lejos.

Sencillamente la dejamos a un lado y tratamos de no pensar en ella. Pero lo cierto es que, de un modo u otro, suele regresar en forma de sufrimiento y ansiedad.

El intento de escapar de la muerte es esencialmente el intento de escapar de la nada. Así es, precisamente, como experimentamos la muerte, como una zambullida en la nada. Pero la mente se mueve en el dominio de lo conocido y la nada no puede ser conocida. Y nosotros tememos aquello que desconocemos.

¿Lo que no entendemos?

Así es. Es lo mismo. Porque podemos controlar aquello que conocemos y entendemos. Pero la muerte nos expone a una dimensión que trasciende por completo nuestro control. La enfermedad y la muerte tienen una forma curiosa de abrirnos a un dominio que se encuentra más allá de nuestro control. Por ello nos pasamos la vida –sin admitirlo, obviamente– tratando de escapar de la comprensión de que no somos nada. Y esto es algo que, en algún nivel, todos sabemos. No en vano todos hemos sido recién nacidos, todos hemos experimentado esa inocencia, esa falta de solidez, esa abertura, esa sensación de no ser nada en particular.

Y esa inocencia, esa frescura y esa abertura no se han perdido y, de algún modo, siguen ahí. Lo único que ocurre es que se hallan eclipsadas por el juego de la búsqueda, por el juego de ser una persona separada, una persona separada del mundo. En esa ilusión y en esa creencia se origina todo el sufrimiento.

Pero, cuando la desesperación provocada por el sufrimiento y la separación superó un determinado punto, empecé a vislumbrar la emergencia de otra posibilidad.

¿De modo que tuviste que llegar a un extremo, por así decirlo, para que las cosas cambiasen?

Sí. Ante mí sólo se abrían dos posibilidades, la transformación o el suicidio. No había otra opción.

¡Pero eso suena muy drástico!

Sí. La transformación o el suicidio.

¿Y te viste obligado a decidir?

Parece, a la hora de contarlo, como si tuviese la oportunidad de elegir, pero las cosas realmente no suceden así. Las cosas tenían que suceder del modo en que sucedieron. No hay, en este sentido, ningún posible error. Creer eso es una ilusión. Porque es ahí, en la sensación de ser una persona separada y que puede elegir, en donde se origina todo el sufrimiento, en la sensación de que las cosas podrían haber sucedido de manera diferente. Pero tal cosa implica que *esto* –lo que ahora mismo está ocurriendo– también sería diferente. Admitir que nada pudo suceder de otro modo es lo mismo que decir que *esto* es exactamente como tiene que ser y que no podría haber sido de otro modo.

¿Qué sucedió después de ese punto de inflexión?

Enfermé y sufrí un ataque muy serio de fiebre glandular [mononucleosis infecciosa] y una noche, mientras me hallaba en el cuarto de baño, me desmayé. Había estado vomitando sangre y me desmayé. Me desperté en medio de un charco de sangre y cuando, al tratar de moverme, me di cuenta de que estaba paralizado, pensé: «Ya está. Ahora voy a morir».

Y algo de eso –algo sobre lo preciosa que es la vida y lo rápidamente que podemos perderla– se quedó conmigo. Pocos días después, mientras estaba tumbado en la cama del hospital sintiéndome ya mucho mejor, todavía quedaban rescoldos de aquella experiencia. Fue como si, hasta entonces, no me hubiese percatado realmente de lo valiosa que es la vida. La daba sencillamente por sentada. Mis esfuerzos por ser *alguien* habían acabado eclipsando el simple hecho de estar vivo. Pero, de algún modo, la experiencia que tuve en el cuarto de baño me impactó tan profundamente que me dejó el sabor de la muerte, su proximidad y lo fácilmente que todo esto puede desvanecerse. Así fue como caí en cuenta de la impermanencia de la vida. La enfermedad salió súbitamente de la nada y volvió a sumirse súbitamente en la nada, dejándome con la clara sensación de que todo esto puede desvanecerse muy rápidamente.

Durante toda mi vida había sido un completo ateo. La palabra "espiritualidad" –y, con ella, me refiero a brujas, duendes y demonios– no significaba, para mí, absolutamente nada, y la religión que parecía una solemne tontería. Pero recuerdo que fue precisamente entonces cuando cogí una Biblia del cajón de la mesilla que había junto a la cama del hospital y, por vez primera, las palabras de Jesús no me parecieron huecas. No me parecieron un absurdo creado por el hombre sino que había, en ellas, algo sobre la Vida Eterna, algo sobre lo valiosa que es la vida y sobre… hummm, bueno, cómo decirlo…, algo sobre más allá. Y aunque, por aquel entonces, no reconociese de qué se trataba, aquellas palabras despertaron en mí una *resonancia* muy profunda.

Yo no tuve la menor elección. Ahí comenzó realmente mi búsqueda espiritual. Tenía que descubrir qué era esa *resonancia*. Y tenía que descubrirlo "fuera de ahí".

¿Y qué forma asumió entonces esa búsqueda?

Bien. Yo había sido toda mi vida un buscador –no olvides que el individuo, a fin de cuentas, *es* un buscador. Pero mi búsqueda espiritual empezó precisamente entonces o, mejor dicho, entonces fue cuando me descubrí emprendiendo la búsqueda espiritual. Y, una vez iniciada, ya no hubo posible vuelta atrás. Luego me mudé a Manchester para estar con mis padres, mientras me recuperaba de la enfermedad y me encerré en mi habitación durante casi un año.

¡Pero eso es muy extremo!

¡Yo era una persona muy extrema! (*Risas*) Y había sido bendecido –o maldito, ya no sé muy bien– con un intelecto muy potente. Había sido educado en la Cambridge University. Era muy inteligente y tenía que desmontar todo aquello que caía en mis manos. Tenía que entenderlo completamente, ésa era mi naturaleza. Y una vez que el fuego prendió, ya no pude apagar el incendio.

Entonces empecé a leer libros básicos de budismo, cristianismo, meditación, indagación sobre uno mismo y luego pasé a leer de todo. ¡Quiero decir absolutamente de todo! ¡Busqué en todos los rincones!

¿Quieres decir que probaste entonces, durante un tiempo, con una técnica de meditación, luego probaste tal o cual religión...?

Sí. Y entonces empecé a tener todo tipo de "experiencias espirituales". Vislumbres de Unidad, disolución del yo y una compasión muy intensa. A veces todo me parecía tan hermoso que rompía a llorar durante horas pero, en otras ocasiones, me desesperaba ante la impermanencia, me desesperaba al darme cuenta de que yo no estaba ahí y reconocer la futilidad de toda búsqueda. Fue una etapa muy dolorosa. Las viejas creencias, las creencias que había sostenido durante toda mi vida, empezaron entonces a desmoronarse. Y también empecé a darme cuenta de que yo no era quien creía.

¿Te sentías básicamente positivo con todo lo que estaba ocurriendo?

Yo no diría que, al respecto, me sintiera bien. Al comienzo todo era muy estimulante pero, en la medida en que pasaba el tiempo, llegué a sentirme muy mal. La búsqueda se intensificó y sabía muy bien que no podía renunciar, lo sabía perfectamente.

¿Te refieres, cuando dices que la búsqueda se intensificó, a que cada vez hacías cosas más extremas? ¿Te refieres, por ejemplo, a que meditabas durante períodos cada vez más largos?

No. Con ello quiero decir que me desconectaba de la vida ordinaria, de las cosas sencillas y de las relaciones humanas. A decir verdad, no recuerdo mucho esa época. Es cierto que pasaron muchas cosas, pero no lo es menos que todas acabaron desvaneciéndose. ¡En un determinado momento, me convertí en un vegano militante! En busca de respuestas, lo exploré todo. Pero sabía que las respuestas no podría encontrarlas en el modo en que, hasta entonces, había vivido mi vida, en encontrar un buen trabajo o una chica guapa con la que casarme. Era evidente que no encontraría la respuesta en los caminos ni en los lugares en los que anteriormente la buscaba.

La intensidad de la búsqueda era tal que, en un determinado momento, mi identidad pasó a ser la de buscador espiritual. Ése era *yo*. ¡Había cambiado mi vieja identidad por otra nueva! ¡Cuanto más liberado creía estar de toda identidad, más me aferraba a la identidad de "buscador espiritual"!

Pero tu mundo se había abierto y ante ti se desplegaba un horizonte completamente nuevo.

Fueron muchas las puertas que abrió la búsqueda espiritual. Pero aún perduraba la sensación de ser un individuo separado. Creo que, de algún modo, la sensación de separación era, en ese momento, más intensa que nunca. Y aunque, a decir verdad, ya no me sentía tan mal, me sentía mal de un modo diferente. Me sentía mal por no haber alcanzado la iluminación. Me sentía "espiritualmente" miserable.

¡Eras una persona muy motivada!

Mucho. Éstas son las preguntas que me formula la gente que hoy en día acude a mis encuentros. ¡Y son las mismas que yo me formulaba, porque yo también he llevado a cabo esta búsqueda! Pero, por más que me haya formulado estas preguntas, jamás he encontrado las respuestas. Bueno sí, fueron muchas las respuestas que recibí… pero ninguna de ellas puso fin a la búsqueda. Parecía haber un movimiento incesante que me orientaba hacia el futuro e impulsaba la búsqueda continua de algo que creía haber perdido.

¡Es evidente que, en la medida en que haya una persona separada esperando despertar, hay una persona separada! Y yo no podía desembarazarme de eso, de la persona separada. Por más que me esforzaba, no podía desembarazarme de este "yo", de este yo separado. A partir de un determinado momento vi con toda claridad que, mientras el "yo" permaneciese ahí, no podría despertar. Así fue como todos mis esfuerzos se centraron en desembarazarme de ese "yo". De lo que entonces no me daba cuenta era de que quien estaba tratando, con tanto empeño, de desembarazarse del yo, seguía siendo el yo. ¡Todo un círculo vicioso del pensamiento!

Y esos círculos fueron haciéndose cada vez más sutiles. El buscador era cada vez más sutil y, cuando caía en cuenta de la búsqueda, volvía a transformarse y asumía una forma todavía más sutil. Era como si la mente no quisiera renunciar a la idea de que, un buen día, el "yo" acabaría despertando.

Lo único que sé es que, en algún momento, todo eso acabó, de algún modo, desvaneciéndose. Pero no puedo decir que fuese como consecuencia de esto o de aquello, porque todos mis esfuerzos no hicieron sino reforzar la sensación de identidad.

¡Pero crees que, de no haber hecho ese esfuerzo, hubiese acabado desapareciendo?
Ésa es la cuestión fundamental, ¿no es cierto? Lo que entonces resultó evidente es que eso ya estaba completamente ahí. El despertar, la Unidad o llamémosle como queramos, ya es-

taba ahí. Pero no era nada que yo pudiese *tener*. Eso no podía ser aprehendido ni poseído, porque el mismo intento de aprehenderlo y poseerlo me llevaba a perderlo.

Éste es el terrible dilema al que se halla sometido el buscador espiritual que, por una parte, no quiere alcanzarlo pero, por la otra, no puede dejar de intentarlo. Uno todavía tiene que vivir su vida, seguir los dictados de su corazón, ir a donde su vida le lleve, todavía tiene que comprometerse en esta sorprendente aventura. Y resulta muy inspirador encontrarse con alguien como tú, que hizo todo eso, hasta el momento en que algo se abrió y lo cambió todo. Entonces fue cuando la infelicidad y la depresión, por las razones que fuesen, acabaron esfumándose.

Y lo más especial es que todo sucedió *en medio de* la desesperación.

Sí, lo entiendo.

Yo creía que, si quería despertar, tenía *antes* que superar la desesperación. Pero lo que entonces vi fue que esto siempre *está* aquí, en medio de lo que, hasta aquel momento, había considerado mi vida, en medio mismo de la desesperación. Lo que entonces vi fue que aquella no era, en modo alguno, "mi vida" y que, independientemente de lo que estaba sucediendo, había una libertad que jamás podía perder, porque no era nada que yo *tuviese*. Era algo que estaba ahí y que no tenía absolutamente nada que ver "conmigo".

Es como sentarse y permitir que la búsqueda se despliegue sola. Lo único que hubo, a lo largo de toda mi búsqueda y de todo mi sufrimiento, fue la Unidad, aunque yo no pude verla. ¡Pero no, por el hecho de no advertirla, la Unidad dejó, un solo instante, de estar ahí!

Y también me di cuenta de que la búsqueda y el sufrimiento estaban bien. Las cosas no podían haberse desarrollado de otro modo. La búsqueda sólo concluyó en el instante exacto en que debía concluir, cuando estuvo maduro. Y eso tampoco tenía absolutamente nada que ver conmigo.

Recuerdo la primera vez que caí en cuenta de ello, mientras estaba sentado en una silla. Estaba en mi habitación, contemplando una silla y me di cuenta de que, hasta aquel momento, jamás había visto una silla. ¡Estaba demasiado ocupado buscando algo más! Algo para "mí". Algo mucho mayor que la silla. Estaba buscando la iluminación, la liberación y el despertar. Siempre en el futuro. Por ello me había olvidado de la silla.

Entonces ocurrió algo divertido, como si la silla me revelase todos sus secretos. Cuando la búsqueda concluyó, la silla me revelaba todos sus secretos. ¡Y no era, en modo alguno, una silla! ¡Era la Unidad disfrazada de silla! Nosotros la llamamos silla, así que no tenemos que verla. «¡Oh! ¡Ya *sé* que es una silla! ¡Ya *sé* que es una mesa…!». Pero, cuando todo eso desaparece, resulta no tiene nada que ver con lo que, al respecto, sabíamos. No es una silla. Es lo que es. Entonces todo se llena de vida. Pero todavía podemos utilizar el lenguaje ordinario, llamarla silla y funcionar como si estuviésemos viviendo una vida muy ordinaria. Pero debajo, sin embargo, yace el milagro. Y no tiene nada que ver con lo que uno creía. Cualquier idea que te hagas de lo que es, no es más que una idea. Esto es demasiado vivo para ser capturado, demasiado vivo para ser conocido.

Entonces tuviste unas cuantas… digámosle, experiencias. En tu libro Mas allá del despertar *has dicho que, un buen día, mientras estabas paseando por Oxford en medio de la lluvia, te diste cuenta de que lo eras todo y de que estabas en casa. ¿Se presentaron, a partir de entonces, esas situaciones con más intensidad y con más frecuencia?*

La primera vez todo fue muy espectacular. Fue sorprendente advertir que el secreto había estado ahí desde el comienzo, en medio mismo de la vida cotidiana. Lo extraordinario estaba oculto en lo ordinario, en las cosas más normales y corrientes. Y la primera vez que lo vi fue realmente espectacular.

Hoy en día, sin embargo, las cosas son mucho más normales y tranquilas. Siempre está en el fondo. Ya no es tan espectacular. Es como si todo volviese a colapsarse en las cosas normales y corrientes, en la superficie. Y, al mismo tiempo, también hay muchas experiencias muy distintas. El día del paseo de Oxford sólo había amor. Eso era todo. Todo era una manifestación del amor y no había nada separado a lo que pudiese considerar mi yo. Y, al mismo tiempo, era nuevo y espectacular. Pero todo eso parece haberse asentado y ahora es muy tranquilo.

¿Sentiste miedo cuando aparecieron todas esas cosas?

Cuando la persona se desvanece sólo queda lo que es. Y eso, aunque no pueda ser conocido ni podamos hablar de ello, resulta evidente.
Luego la mente puede volver a entrar en escena. Sólo entonces es posible escribir y hablar de ello. Entonces dice: «¡He tenido una experiencia! *Me* ocurrió tal y cual cosa». ¡Pero lo cierto es que, en realidad, tú no estabas ahí! ¡Eso no te suce-

dió a *ti*! Es el miedo el que invoca la presencia de la mente que, en un intento de sentirse segura, trata de establecer una estructura que le permita apresarlo.

Pregunto esto porque, hace unos años, leí el libro Collision with the Infinite, *de Suzanne Segal, que, al parecer, tuvo una experiencia parecida. Pero ella, según dice, experimentó una ansiedad extraordinaria. ¿Tiene esa ansiedad algo que ver con la mente?*

Sí. La ansiedad es el intento de la mente de aferrarse. Quizás el miedo sea la última táctica utilizada por la mente. «¡Ahí hay algo a lo que temer! ¡Ahí hay algo a lo que temer!». Pero, en tal caso, lo único que existe es el miedo y no hay nada *a lo que* debamos temer.

¿Aparecen, en ocasiones, el miedo y la ansiedad?

Todo cabe pero, de hecho, el miedo y la ansiedad desaparecen para siempre. Pero el hecho es que aquí cabe *todo*. Todo está permitido, por ello caben también la ira, el miedo, la alegría y la tristeza. Todo puede aparecer. Es como si todo pudiese aparecer en el momento exacto en que aparece, porque no hay nadie tratando de resistirse, de luchar y construir, con ello, una identidad. Si tu madre, por ejemplo, muere, hay una gran tristeza. La gente tiene la idea errónea de que la liberación es un estado en el que uno no siente absolutamente nada, de que ése es un lugar en el que nada puede afectarte. ¡Pero ésas son bobadas! Eso no es más que otra idea, otro concepto. En la Unidad cabe todo. ¿Cómo no habría de caber? ¿No *es* acaso la Unidad todo! También cabe, pues, la tristeza. ¡Y cuando la tristeza está ahí, hay tristeza! Pero no hay nadie tratando de hacer algo con la tristeza. Y entonces sucede una cosa muy curiosa y es que la tristeza vive su propia vida y, llegado el momento, acaba consumiéndose y desapareciendo.

¿Y no hay problema con ella?

Ya no. ¡Y no olvides que la tristeza puede ser muy triste! En medio mismo de la tristeza hay tristeza y también no la hay. Es un lugar al que la mente no puede acceder. Hay tristeza pero, como no hay nadie ahí que esté triste –como no hay persona triste–, la tristeza no está realmente ahí. Y es que, para llamarla tristeza, debe haber una persona etiquetándola y nombrándola.

Es imposible hablar de ello y es imposible comprenderlo. Hay tristeza y, al mismo tiempo, no la hay.

Es una falta de identificación ¿no es cierto? ¿Es como si uno estuviese simplemente observando?

Todo está siendo registrado… sin necesidad de realizar, para ello, esfuerzo alguno. Nosotros creemos estar escuchando, estar viendo y estar respirando pero, en realidad, todo eso sucede sin necesidad de realizar el menor esfuerzo. Hay una inteligencia que trasciende nuestra mente. Nuestra mente no tiene la menor posibilidad de entender lo que hace latir nuestro corazón y lo que nos hace respirar.

El cuerpo humano es un mecanismo sumamente complejo.
Es muy difícil admitir que el cuerpo no nos necesita. El cuerpo no necesita nuestra búsqueda, no necesita nuestro sufrimiento y no necesita nuestra identidad. Funciona perfectamente sin necesidad de que hagamos ningún esfuerzo. Para

quien está identificado con sus enseñanzas y sus juegos de devenir, resulta muy difícil admitir que el papel de la mente es irrelevante y que, en realidad, está ausente.

Pero no se trata de una ausencia fría, muerta y desapegada, sino de una ausencia muy viva y muy plena. Es una ausencia que está llena de todo lo que está sucediendo. Esta ausencia, en realidad, es una presencia perfecta. Nosotros hablamos de estar presentes, de estar en el ahora, pero lo cierto es que sólo estamos completamente presentes cuando "tú" no estás aquí. En realidad "tú" no puedes estar presente. No es algo que "tú" puedas hacer. La presencia depende de la ausencia de ese "tú".

Estar presente es una de las primeras cosas que aprendes cuando emprendes el camino espiritual.

Sí, pero lo único que se ve ahí es que *sólo* hay presencia. No es algo que puedas tener o dejar de tener, algo a lo que puedas acercarte o de lo que puedas alejarte. Todo ocurre ya dentro de esa presencia. ¡Aun la búsqueda y el no-estar-presente ocurren dentro de la presencia más perfecta! La presencia ya lo incluye todo. No niega nada, no se resiste a nada y hasta permite el despliegue del más intenso sufrimiento.

La imagen de Jesús en la cruz nos muestra que, en el centro, en el núcleo mismo del sufrimiento más intenso que el ser humano conoce, se halla la eternidad. No es posible alcanzar la eternidad escapando del sufrimiento, la eternidad está en el centro del sufrimiento. En el núcleo mismo del más intenso sufrimiento es donde podemos ver que no hay nadie que sufra.

Pero en el mundo parece haber mucho sufrimiento. No hace mucho que la televisión nos ha mostrado el sufrimiento provocado por un ciclón y un terremoto en Birmania y en China. Son muchas las personas que han perdido sus hogares y sus seres queridos, muchos los heridos y muy poca la asistencia médica. ¿En qué medida eso te afecta?

Yo estaba en Birmania, en el terremoto, y pasaba hambre en África. Hay quienes, después de escuchar el mensaje de la no-dualidad, acaban creyendo que se trata de sentarse y no hacer nada. Esas personas creen que basta con sentarse y decir desdeñosamente: «Esto no es más que un sueño, una historia. Si, en el fondo, no hay nadie sufriendo, ¿para qué habría que hacer algo?».

Pero, en medio de la visión clara de que nadie está sufriendo y de que el sufrimiento no es más que una historia, puede haber la *acción sin esfuerzo* de ayudar a quien lo necesite. Pero eso viene de un lugar en el que uno no sabe, viene del no-conocimiento. En tal caso, la Unidad se reconoce en ese niño hambriento y se moviliza para ayudarle, pero ésa no es una buena acción que salga de la piedad ni de la necesidad de ser una buena persona, eso no tiene absolutamente nada que ver. Y tampoco es una acción que salga de la moral. Uno se siente movilizado a ayudar cuando descubre el secreto del universo y ve que todo es Uno. Lo que, en tal caso, moviliza a la acción es el hecho de verse a uno mismo como el niño hambriento y como la víctima del terremoto.

Pero quizás no. Quizás eso no resulte movilizador. No hay modo de saberlo, porque ese movimiento viene de un lugar en el que no hay pensamiento. No viene de un lugar en el que yo, que estoy separado de ti, sufro porque tú estás sufriendo y, como quiero ser una buena persona, me apiado de ti y te ayudo. No, el universo no necesita eso, no necesita nuestra piedad, no necesita que nuestro sufrimiento se agregue al suyo.

Ver todo esto con claridad es ponerle fin. Tal vez entonces nos movilicemos para ayudar... o quizás no.

¿Y qué forma podría asumir ese movimiento?

Lo cierto es que no hay modo alguno de saberlo de antemano. En el mismo momento en que te haces una idea de lo que puedes hacer para ayudar, en el mismo momento en que esbozas un plan de acción, dejas de ver. Si, por ejemplo, crees que lo más importante es salvar los bosques de la Amazonia, dejas de ver a la anciana que necesita tu ayuda para cruzar la calle. Las ideas preestablecidas sobre lo que está bien y lo que está mal pueden impedirte ver a esa anciana que es más importante que todos los bosques juntos, porque está precisamente frente a ti y porque tú también eres ella.

Esto carece, pues, de estructura y yo no lo comprendo, nadie lo comprende. Ése es el misterio de la creación que, de algún modo, se reconoce a sí mismo. Es Dios viéndose a sí mismo en todas partes.

¿Qué es lo que te motiva? ¿Qué es lo que te moviliza a dar charlas y escribir libros?

La verdad es que no lo sé. Si he de serte sincero, siento que todo ocurre sin mi intervención. Todo está más allá de mi control. Jeff jamás podría haber hecho esto. Estoy seguro de que, en el mismo instante en que lo hubiese intentado, habría fracasado miserablemente. Y, por más que parezca que, diciendo esto, estoy tratando de ser inteligente, eso es, de hecho, lo que siento. Se trata de algo que ocurre sin necesidad de realizar el menor esfuerzo. Todo se despliega y evoluciona y uno no sabe cómo ni por qué, pero lo cierto es que está ocurriendo. Y siempre resulta sorprendente que esta expresión de la no-dualidad salga de esta boca.

Antes has dicho que eras muy vergonzoso. ¡Si no recuerdo mal, estudiaste astrofísica en la Cambridge University en parte para no tener que comunicarte con la gente! ¡Y ahora estás hablando sin el menor problema!

(*Risas*) ¡Sí, ya lo sé! Me parece sorprendente. Y lo cierto es que tampoco sé por qué es así. Me siento, empiezo a hablar y es como si las palabras salieran solas. Si tuviese que expresarlo verbalmente, diría que me siento a observar el surgimiento de las palabras. Y a veces me sorprenden, de algún modo, me sorprende lo que sale. A veces tengo la sensación de que "yo no podía haber hecho esto o de que yo no podría haber dicho eso".

Los genios de nuestro tiempo, los einsteins de este mundo, suelen decir que, en realidad, ellos no han sido los artífices de sus ideas, que brotaron simplemente de la nada.

Todo sale de la nada.

Y uno no es más que una especie de vehículo.
Pero eso no tiene absolutamente nada que ver "conmigo". Es como si todo brotase sin necesidad de realizar el menor esfuerzo. ¡Es como hablar de uno mismo! ¡No es necesario hacer ningún esfuerzo para hablar de eso, porque no hay nada

de lo que hablar! De lo que estamos hablando aquí es de la nada. Y, como no hay ahí ningún objeto, nada puede ser señalado. En el mismo momento en que pronunciamos una sola palabra al respecto, nos sumimos en el sueño. Pero, cuando vemos esto con claridad, cuando nos damos cuenta de que no es posible hablar de ello, las palabras brotan de nuevo libremente ¡No me preguntes cómo! Parecen salir solas. Y, si tuviera que decirlo con palabras, diría que me detengo, observo y siento cómo brotan las palabras sin saber siquiera cuál será la siguiente.

Muchos artistas dicen que, cuando entran en estado de "flujo", es decir, cuando están realmente sumidos en lo que hacen, el arte brota de la nada, se crea por sí mismo y sale de ningún lugar. Es como si, en tal caso, se hallaran en el punto de la creación y al mismo tiempo de la destrucción desde el que todo sucede. Ésa es la creación y la destrucción, y no puede ser *conocida*.

Y ésa es también la belleza. Si pudiese ser *comprendida*, sería una cosa, sería un concepto. Pero éste es el puro no-conocimiento. En ausencia de buscador, el misterio se revela y no sólo en las palabras, sino en todo, absolutamente en todo, en esas flores, en este suelo, en esta silla y en esta mesa. Todo es el misterio.

Es algo que viene de la nada. El mismo hecho de que esto esté ocurriendo es todo un milagro.

Desde un punto de vista estrictamente matemático, si nuestro planeta fuese un poco diferente de lo que es, no podría albergar la vida humana. Olvidamos con demasiada frecuencia el delicado equilibrio en el que todo se sostiene. Las cosas su-

ceden y, aunque no sepamos por qué, lo cierto es que ocu-
rren. Y, durante ese tiempo, cambian en ti cosas muy impor-
tantes. Todo es extraordinario, complejo y delicado.

Y precioso.

Sí.

Y, en nuestra búsqueda, en nuestro intento de ser *alguien*, nos
alejamos de esto. Pero el auténtico tesoro está siempre aquí,
en el centro mismo de nuestra vida. Esto es algo que, por estar estamos demasiado ocupados buscando otra cosa, olvidamos con demasiada frecuencia.

En realidad, no me sucedió nada. Nada cambió. Sigo viviendo una vida normal y corriente, pero no hay nadie aquí que la
viva. Esta vida se vive sola. Está viviéndose a sí misma. Es
la Unidad desplegándose en forma de persona separada. En
lo esencial no existe la menor diferencia entre tú y yo. Es la
Unidad "mirando" a través de estos ojos y la Unidad "mirando" a través de aquellos ojos. Y la Unidad no tiene preferencias. Es igualmente "feliz" mirando a través de *estos* ojos o
escuchando a través de *estos* oídos que mirando a través de
aquellos ojos o *escuchando* a través de *aquellos* oídos.

Lo único que parece separarnos es la historia del "yo". Una
historia tan frágil que puede desvanecerse en cualquier momento, dejando tan sólo la presencia. Éste es el milagro que
yace en medio de todas las cosas, en medio del caos de la
vida humana. Y, cuando nos damos cuenta de eso, concluye toda búsqueda dejándote aquí, completamente presente y
completamente ausente.

¡Pero la gente está tan perdida! Es triste, por una parte, y sorprendente, por la otra.

Pero las cosas, en realidad, no podrían ser de otro modo. Quizás el sufrimiento y la búsqueda estén aquí para mostrarnos precisamente esto. Quizás todo esté donde debe estar y quizás también, desde el mismo Big Bang hasta este frágil y precioso instante, nada haya estado fuera de lugar.

Entrevista de Iain McNay
Conscious TV
www.conscious.tv

esto...

Estoy hablando con una mujer. Me cuenta que tiene
el sueño de regentar, un buen día, un hotelito
cerca de la costa. Entonces me doy cuenta de que,
mientras está contándomelo, sus ojos se empañan
y de que lo mismo ocurre con los míos. Es como
si aquí no hubiese nada que reflejase lo que
ocurre ahí. Y, cuando no hay nada que alcanzar,
sólo queda una abertura total a los demás, un
espacio abierto que acepta por igual todo lo que
acontece. Es por esto por lo que, cuando sus ojos
se empañan, también lo hacen los míos. ¿Hay acaso
alguna diferencia?

Cuando no hay nadie, tampoco hay nada que lo
bloquee. Y, cuando no hay "yo", tampoco hay "tú"
separado. Lo único que hay son voces, rostros,
ojos empañados por las lágrimas. Lo único que hay
es lo que está ocurriendo. El espacio se llena
entonces con todo lo que ocurre. Es por esto por
lo que, cuando esa mujer me cuenta su historia,
me fundo con ella y yo también quiero regentar un
hotelito cerca de la costa. Y ese deseo cala tan
hondo en mi interior que conmueve mi corazón y
rompo a llorar.

Estoy viendo la televisión. Un hombre que acaba
de ganar mucho dinero en un programa dice que,
por vez primera, podrá irse de vacaciones con
su familia. Ríe, grita y llora de alegría... y
también esto ríe, grita y llora de alegría. No
hay nada que nos separe. ¡Qué contenta se pondrá
mi familia cuando se entere!

En la televisión aparecen imágenes de una
hambruna en África. Una niña somalí, toda piel y
huesos, mira fijamente, desde sus ojos hundidos,
a la cámara. Y, como nada se interpone en la
visión de esa pobre niña, me fundo con ella. Y,
cuando me veo a mí mismo, ella entra en mí y todo
se cura.

Estoy en un tren y, sin motivo aparente, un
hombre grande y calvo empieza a gritarme. Creo
que está borracho. Tiene el rostro enrojecido
por la ira y levanta los puños amenazadoramente.
Yo soy ese hombre. Siento la ira, la violencia
y, por debajo de todo, la ansiedad, el miedo y
la contracción que acompañan a toda sensación
de identidad separada. Yo he sido ese hombre y
ahora vuelvo a serlo. Y él es yo, que ha venido a
encontrarse conmigo en la estación de Brighton a
las 12 y 23.

Cuando la mujer deja de hablar del hotelito
de sus sueños, las lágrimas se desvanecen. Ya
no queda, de ellas, el menor rastro. Todo ha
desaparecido y empieza un nuevo despliegue.

Cuando acaba el programa de televisión, cambio
de canal y aparece la teletienda. La risa, la
alegría, el dinero y la familia desaparecen
entonces y me quedo fascinado con el número
176387. *¡Qué hermosos colores!* Y, cuando me
sumerjo en la teletienda no queda, del programa
anterior, el menor rastro. Bien podría haber
ocurrido hace un millón de años. Esto lo
reemplaza todo.

Cuando suena el timbre, dejo atrás la imagen
de la niña hambrienta. En la puerta está mi
amigo. La niña hambrienta ha desaparecido y,
en su lugar, ahora está mi amigo. Y lo más
extraordinario es que esto es todo y, al mismo
tiempo, no es nada. No es una cosa concreta.
Una cosa se ve reemplazada por otra y no hay
modo de saber lo que vendrá a continuación. El
amigo reemplaza a la niña moribunda, el hermano
sustituye al amigo, el dependiente deja atrás
al hermano y el gato reemplaza al dependiente.
Y todo ello emerge, de manera inocente, gozosa e
incesante, de lo Desconocido.

Me alejo del hombre enfadado y la ira se
desvanece de inmediato. Es como si jamás hubiese
estado ahí. Otra cosa ocupa entonces su lugar,
luego otra y después otra más. Aquí hay espacio
suficiente para todo. Alegría, ira, miedo,
tristeza, risa, lágrimas, etcétera. Todo es aquí
bienvenido.

No hay modo alguno de impedir el flujo de la
vida. Aquí no hay nadie, sólo la experiencia
pura, sin censura ni filtro alguno. De hecho,
mal podríamos llamarla siquiera "experiencia",
porque no hay nadie que la experimente. Sólo hay
esto sucediéndole a nadie. Nadie llora, nadie se
enfada y nadie ve la televisión.

Pero esto no es un vacío. Es un espacio saturado
de vida. Un espacio que se ve ocupado por la
mujer que quiere dirigir un hotelito junto al
mar, por la niña hambrienta y por mi amigo de

pie ante la puerta. Tú proporcionas la solidez
de la que yo carezco. La historia del tiempo y
del espacio ha muerto aquí, pero tú la mantienes
funcionando para mí. Aquí no hay nadie pero,
cuando entras en escena, "aquí no hay nadie" se
revela súbitamente –como todo concepto– falso.

¿Qué es lo que queda, cuando no estás aquí, para
ser todo lo que es?

Lo único que queda, cuando el testigo se colapsa
en lo testimoniado y la conciencia se funde con
todos sus contenidos, es la fascinación profunda
y completa ante todo lo que ocurre.

3.

CONFESIONES I

Lo único que hay aquí es *esto*. Sólo lo que está sucediendo.

Por más espantoso que parezca,
cuando se lo escucha atentamente, resulta muy liberador.

* * *

La liberación no pone fin a la vida,
lo único que entonces ocurre es que uno desaparece.

Y la vida,
como siempre ha hecho,
se vive a sí misma.

* * *

* * *

Es el paso
de la persona sentada en una silla
al simple estar sentado en una silla.

El paso
de la persona caminando por la calle
al simple caminar por la calle.

El paso
de la persona que vive su vida
al simple suceder de la vida.

Pero no se trata de un cambio que tenga lugar en el tiempo.

De hecho, siempre está ocurriendo.

* * *

Quien lee estas palabras es el mismo que las escribió.

En esta frase se resumen todas las respuestas.

* * *

* * *

¡Qué extraordinario es no tener la menor idea
de lo que está a punto de ocurrir!
¡Qué extraordinario es dejar que la vida te sorprenda!
¡Qué extraordinario es despertar cada mañana
como un recién nacido,
despojado de pasado,
y saber que todo ocurrirá exactamente
como debe ocurrir!
Saber que no hay nada más elevado, nada más espiritual
ni más noble que levantarse cada mañana de la cama,
cepillarse los dientes, vestirse e ir a dar un paseo
sabiendo que no hay nada que entender.
Vivir cada día, cada hora y cada momento,
sabiendo que ése es siempre tu último día, tu última hora
y tu último momento.
Y saber también que el último día es el primero.
Ver la presencia en todas y cada una de las cosas.
Contemplar el mundo
y ver en él tan sólo el reflejo de un amor sin nombre.

* * *

*   *   *

A veces, la gente me pregunta: «¿Qué es lo que te gusta, Jeff? ¿Qué significa estar despierto? ¿Cómo es vivir desde la Unidad?». Pero sencillamente no sé qué responder, porque me parece que todas esas preguntas carecen de respuesta. Esas preguntas están dirigidas a una persona y aquí no hay nadie. ¿Qué es eso de estar iluminado? ¿Qué es eso de estar despierto? ¿Qué es eso de la Unidad? Todo eso tiene que ver con la persona. Y, cuando aquí no hay nadie, tampoco hay quien pueda estar iluminado, quien pueda despertar y quien pueda hablar de algo llamado Unidad.

Pero, por otra parte, sería estúpido insistir en que aquí no ha pasado nada. Hace años, aquí había un pequeño yo, un yo separado, sólido y miserable que se odiaba a sí mismo, un yo que tenía miedo del mundo, un yo con una mente tan acelerada que no podía dejar de pensar y tenía problemas para dormir al llegar la noche. Pero todo eso se ha desvanecido y se ha visto reemplazado por la nada. No es que Jeff fuese antes miserable y que ahora sea feliz. Ésa es una historia extraordinaria, pero no tiene absolutamente nada que ver con la liberación. Es cierto que la vida es ahora una danza luminosa y gozosa que se encuentra más allá de la seriedad y más allá del alcance de las palabras. Pero concluir que "Jeff es ahora feliz" sería volver a caer en la dualidad. "Jeff es feliz" y "Jeff es miserable" emergen y se disuelven juntos. Uno desaparece en el mismo instante en que lo hace el otro y, cuando ambos se desvanecen, no hay modo de saber quién o qué eres.

Y ésa es la libertad total. Ésa es la libertad para serlo todo. La libertad para ser esto y la libertad para ser aquello. La libertad para ser feliz, para estar triste y para ser exactamente lo que eres. Y, para ello, no es necesaria ninguna práctica. No consiste en *tratar de ser* lo que eres ni en *esforzarte* en ser uno con lo que está ocurriendo. No, en tal caso, lo único que desaparece es el intento, el esfuerzo y la contracción.

¿Acaso Jeff estaba deprimido y ha dejado de estarlo? ¡No! ¡Lo único que ha desaparecido es la sensación de ser Jeff, no el hecho de estar deprimido o de dejar de estarlo! Lo que ha desaparecido es la sensación de ser una persona separada. Pero –y esto es lo que más paradójico parece – el personaje de Jeff tampoco ha desaparecido. *El personaje sigue funcionando*. La liberación no consiste en despojarse del personaje, en despojarse de la personalidad. La liberación no tiene nada que ver con la despersonalización, no tiene nada que ver con sentarse y desidentificarte de la vida (ésa es una trampa muy frecuente de la búsqueda espiritual). No, una parte de la libertad consiste también en la liberación del personaje. Y, cuando el personaje se libera puede ser, sin impedimento alguno, lo que es.

Y cuando aparecen preguntas, también hay respuestas. Así es como funciona el personaje. Es por esto por lo que, cuando alguien me pregunta: «¿Qué prefieres, Jeff, vino blanco o vino tinto?», respondes: «¡Vino blanco, por favor!». Las preferencias no se desvanecen. Es como si la nada respondiese: «¡Vino blanco, por favor!». Y cuando, en mitad de la calle, escuchas a alguien decir: «¡Jeff!», la cabeza se gira, la boca esboza una sonrisa y algo responde: «¡Hola!». Eso también forma parte del misterio y trasciende por completo afirmaciones conceptuales del tipo "aquí no hay nadie" o "aquí hay alguien".

Yo no voy por ahí diciendo: «Yo ya no tengo ego» o «Aquí no hay ningún yo», porque eso es algo que sólo podría decirlo un yo, un ego que supiese algo de sí mismo. Pero cuando desaparece el punto de referencia del "yo", uno ya no puede decir absolutamente nada sobre sí mismo. Las palabras siguen presentándose, pero ya no son tus palabras. Es como si, en el nivel de las palabras y del lenguaje, todo siguiese igual, pero ya no hay quien se identifique con todo eso. Siguen utilizándose palabras, pero no hay nadie que se las crea. Por esto, cuando me preguntas cómo me llamo, te respondo o algo dice "Jeff". Eso es todo. Así de simple.

El milagro resplandece, ahora mismo, en las interacciones más normales y corrientes. Y no es necesario, para llegar a verlo, que viajemos a la India o que nos pasemos los próximos treinta años meditando. Eso es algo que ya está sucediendo.

*   *   *

* * *

Yo nunca he renunciado a las prácticas espirituales. Cuando el momento estuvo maduro, las prácticas desaparecieron por sí solas y quedó claro que el yo que se sienta a meditar es el mismo que se sienta en el pub a tomarse una jarra de cerveza. No hay nadie que se siente a meditar y nadie que se tome una cerveza. Yo creía que meditar era "más elevado" o más "espiritual" que tomarse una cerveza pero, cuando quedó clara la igualdad de ambas acciones, ambos conceptos se desvanecieron. En aquel mismo instante la meditación desapareció y la búsqueda de uno mismo perdió todo su sentido. Ahora ya no tengo el menor interés en meditar, en estar presente, en establecer contacto con el silencio o en nada por el estilo. No, la vida –tal cual es– me parece ahora perfecta.

Aunque, si quieres una práctica espiritual, te daré alguna...

Pero, si te fijas bien, ya estás llevándola a cabo.

* * *

*   *   *

¿Cómo, viviendo así, funcionas en el mundo? ¿Cómo lo haces?

No es algo que se deba preguntar. Todo cuida, de algún modo, de sí mismo. Las cosas, de algún modo, se hacen. Esto se despierta cada mañana, se viste y come cuando tiene hambre. Yo no puedo separarme de lo que está ocurriendo. A fin de cuentas, yo soy lo que está ocurriendo, lo que no deja de ser otra forma de decir que aquí no hay nadie.

Pero el personaje Jeff Foster sigue funcionando y sigue viviendo su vida, un auténtico regalo. Todas las preguntas se desvanecen. Ya no me pregunto cómo me relaciono con la vida, porque esa pregunta ha dejado, para mí, de tener sentido. Lo único que existe es el despliegue de la vida y la inmensidad o, dicho de otro modo, la nada jugando a serlo todo.

Y eso es algo que las palabras, obviamente, ni siquiera rozan. Es una intimidad que jamás podrá expresarse verbalmente. La intimidad con la respiración, la intimidad con el latido cardíaco, la intimidad con el cuerpo, con la silla, con la mesa, con los árboles y con las flores, la intimidad con todo tal cual es. Todo es mío y nada es mío, una aparente paradoja que acaba desvaneciéndose en la absoluta simplicidad de lo que es.

Jesús dijo que, si quieres salvarte, deberás perder tu vida y, cuando todo se ha perdido, es decir, cuando ya no queda ninguna pregunta, cuando toda búsqueda se desvanece, uno se queda simplemente con el misterio y todo es limpio. Cuando contemplamos entonces el mundo, lo vemos siempre por vez primera con los ojos de un niño, como el interminable desfile de todos los infinitos disfraces que asume el amor.

* * *

¿No es falso, cuando alguien te pregunta cómo te llamas, responder "Jeff" si, en realidad, ahí no hay nadie?

¿Acaso, cuando vas al teatro, se te ocurre acusar al actor de estar mintiendo? El actor *desempeña* sincera y verdaderamente el papel de rey, del más pobre de los pobres o del buscador espiritual. Y, del mismo modo, Jeff también *desempeña* el papel de Jeff. Por esto, cuando, en medio de la representación, le preguntan: «¿Quién eres?» y responde: «Jeff», está siendo absolutamente sincero. Jeff es nadie jugando a serlo todo, nadie jugando a ser alguien. En la liberación, alguien y nadie dejan de ser dos y se revelan como conceptos dualistas y acaban sencillamente disolviéndose en la maravilla del despliegue de todo lo que ocurre.

No hay, pues, cuando alguien te pregunta: «¿Cómo te llamas?», el menor problema en responder: «Jeff», porque esto ha dejado ya de estar en guerra con el mundo.

Y así es como prosigue el juego.

* * *

* * *

Yo soy Jeff. Yo no soy Jeff. Da lo mismo.

Aquí no hay nadie pero, cuando miras y preguntas: «¿Cómo te llamas?», algo responde: «Jeff».

¿Pero quién responde, cuando lo único que existe es la pregunta? Y, cuando no aparece ninguna respuesta, la pregunta acaba disolviéndose en la Fuente.

«¿Cómo te llamas?» –se pregunta la Fuente... sin obtener respuesta alguna.

* * *

Cuando me preguntas lo que hice ayer, te cuento la historia de ayer. Pero, obviamente, no existe ningún ayer. Ayer no es más que una historia que ocurre ahora. Y mañana también es otra historia que está ocurriendo ahora. Pero, cuando me lo preguntas, no respondo: «¡Qué pregunta más absurda! ¡Ayer no es más que una historia!», sino que digo: «Fui a nadar. ¿Y tú qué hiciste?». En tal caso, la respuesta surge, sin necesidad de realizar esfuerzo alguno. Ésta es una intimidad que no rechaza absolutamente nada.

* * *

* * *

Es muy sencillo. Yo no quiero nada y todo lo que sucede me parece bien.

Perfecto si sucede esto y *perfecto* también si sucede aquello. Eso carece de toda importancia. Ésa es la libertad. ¿Importa acaso, cuando estás viendo una película, lo que le ocurre al personaje? Eso sólo importa cuando estás atrapado en la película pero, cuando te das cuenta de que sólo se trata de una película, deja de importar. Entonces es cuando te das cuenta de que el personaje, en realidad, no muere, no se cae de un acantilado y no hace absolutamente *nada*.

Ésa es la paradoja de una nada que aparece disfrazada de todo. Nada sucede y sucede absolutamente todo. Nada importa y todo importa. Y, no hay, en ello, la menor paradoja, sino el simple discurrir, ahora mismo, de la vida. La respiración, el latido del corazón, los ruidos de la habitación y las sensaciones corporales. Eso es todo.

* * *

*   *   *

Y todo concluye cuando te das cuenta de que estar sentado en el inodoro, preparar una taza de té o dar un paseo en mitad de la lluvia son las cosas más espirituales del mundo.

*   *   *

Y sí, antes de que me lo preguntes, aun la "Unidad", en última instancia, no deja de ser más que un concepto.

*   *   *

*   *   *

Miro y me doy cuenta de que estoy sentado frente a mi novia Amy. Pero Amy no es, en modo alguno, "mía". No hay aquí nada que pueda poseer *algo* y menos todavía a otra persona. No hay aquí nadie que pueda poseer nada. Ella es mi historia y yo soy la suya. Ella es uno de los personajes de mi sueño y yo soy uno de los personajes del suyo. Miro y veo que, al otro lado de la mesa, hay una chica tomándose una taza de té. "Mi novia" no es más que una historia. ¿Qué hay, en realidad, ahí? Una chica tomándose, ahora mismo, una taza de té. Eso es, ahora mismo, todo lo que hay. ¿Y dónde está esa cosa llamada "nuestra relación"? Lo único que puedo ver es lo que ahora está ocurriendo. Un chico y una chica tomándose una taza de té.

Pero ni siquiera hay eso, porque "un chico y una chica tomándose una taza de té" no deja de ser, en el fondo, más que otra historia. Lo único que hay es la respiración, el latido del corazón, colores, sonidos, el tintineo de la cucharilla en la taza, el té caliente, las voces, la luz y el calor. Esto es todo, pero no hay, en ello, nada que nos separe. Con cierta frecuencia se interpone, entre nosotros, algo llamado "relación", enturbiando una intimidad que no tiene nada que ver con dos personas separadas. Es como si, entre nosotros, revolotease una tercera entidad. Yo, tú y "nuestra relación". Nuestras necesidades, nuestros deseos y nuestras expectativas.

¿Y qué es lo que pasa cuando todo eso desaparece? ¿Qué es lo que pasa cuando todo ese lastre del pasado se revela irrelevante? Entonces sólo existe esto, una chica sentada, tomándose una taza de té y charlando con algo que, de algún modo, está frente a ella. Es muy sencillo, lo más sencillo del mundo.

Y, como ella no es mía no hay, en consecuencia, "relación" alguna que defender; nada de lo que preocuparse, nada a lo que aferrarse y ninguna sensación de posesión.

Y, como no es mía, puedo ver con absoluta claridad lo que realmente es. Cuando nada se interpone entre nosotros, hay espacio para escuchar de verdad, para ver la verdad, para estar aquí, para tomarnos esa taza de té y para disfrutar juntos de este instante que es, de hecho, lo único que existe.

Y, como no es mi novia, sólo hay amor incondicional. Increíblemente hermoso e increíblemente sencillo.

¡Qué libertad hay en todo ello! Y, como no hay nada que nos mantenga unidos, tenemos libertad absoluta para irnos... pero no nos vamos. Siempre me sorprende que, siendo libre para irse, no se vaya. Quizás un buen día lo haga. Quizá un buen día sea yo el que me vaya. Y quizás ese día sea mañana. ¿Quién sabe, a fin de cuentas, lo que el futuro nos depara? Por el momento, sólo hay una chica sentada frente a mí, tomándose una taza de té y la simple gratitud de estar ahí. Sé que ella no está obligada a quedarse (porque es libre) y también sé que yo no estoy obligado a quedarme (porque soy libre) pero, a pesar de ello, aquí estamos.

Todo es, pues, muy inocente. Una chica sentada frente a mí y tomándose una taza de té que me cuenta cómo ha pasado el día. No existe el menor deseo de poseer nada. Es lo que es y con ello basta. ¿Quién necesita una "relación" cuando disfruta ya de la presencia de esta gracia?

Pero, si me lo preguntas, te diré que es "mi novia". ¡Es mi forma sencilla de resumir todo lo anterior!

*   *   *

Abro los ojos y miro por la ventanilla del avión. Ahí está el aeropuerto de Gatwick de Londres y yo soy eso. Pero, apenas parpadeo, Londres se ve reemplazado por Amsterdam y yo me convierto en Amsterdam. El avión no ha ido a ninguna parte. Lo único que ha cambiado ha sido el escenario. Eso es todo.

Nada, en ausencia de nombres, ha ocurrido. Lo único que, en ausencia de nombres, ha pasado es el rugido del motor del avión, el vuelco en el estómago al descender, la cabeza de Amy apoyada en mi hombro, su suave respiración y el difuso olor a vómito procedente de la pareja que ocupa los asientos delanteros cuando aterrizamos en Gatwick, Schipol y Charles de Gaulle.

La experiencia cruda y sin filtro es atemporal. Aparece Londres y luego se desvanece sin dejar rastro; aparece Amsterdam y acaba desapareciendo. California se funde con Manchester, que se mantiene durante un breve período, coge su equipaje y acaba marchándose.

«Señoras y caballeros, estamos empezando a descender a ninguna parte. Coloquen las bandejas en posición vertical». Yo miro de nuevo por la ventana y veo cómo, en la más absoluta tranquilidad, las alas del avión cortan las nubes.

Nunca viajamos y nunca llegamos a ninguna parte. Y el más largo de los viajes de avión no nos aleja una sola pulgada de casa.

*   *   *

* * *

¿Quién soy yo?

¿Qué es el "yo"?

Jamás encontrarías, por más que te pasases la vida buscándolo, un pronombre de primera persona singular.

Lo único que encuentras es un sonido: "yooooooo".

Lo único que encuentras es un pensamiento: "yo".

Pero nada, sin embargo, detrás de él.

Ésa es la liberación.

* * *

La vida que tratas de entender es idéntica al "yo" que trata de entenderla.

* * *

La liberación consiste en relajarte en *esto*.

* * *

Creemos que la libertad consiste en tener lo que queremos.

Pero lo cierto es que, en el mismo instante en que poseemos algo, aflora la inseguridad, porque tememos perderlo.

La verdadera libertad consiste en perderlo todo.

Porque, cuando carecemos de todo, no tenemos nada que perder.

Ése es el auténtico final del miedo.

Cuando nada es tuyo, todo es tuyo.

Ése es el final de la guerra.

Y, cuando no eres nada, lo eres todo.

Ése es el final de toda búsqueda.

* * *

En el mismo momento en que pienso o digo algo, sé que lo opuesto de lo que acabo de decir o de pensar también puede ser cierto. Entonces es cuando los opuestos dejan de oponerse y, en lugar de amenazarse, se complementan. Y entonces es también cuando uno puede empezar a *jugar* con los opuestos.

Las palabras dejan entonces de ser el enemigo y la vida se convierte en algo divertido.

* * *

¿Qué quieres hacer con tu vida? Ésa es siempre una pregunta equivocada. Espera a ver lo que la *vida* hace.

«¡Pero eso acaba conduciendo a la pasividad y la inacción!»

–dirá alguien. Pero lo cierto es que la acción sucede. Respira. Se mueve. Se levanta. Se cepilla los dientes. Planifica o no planifica. Habla o no habla. Viaja o no viaja. El Misterio sigue su camino. Enamorarse locamente de todo o no enamorarse locamente de todo. El Misterio jamás deja de ser Misterio.

Lo único que permanece pasivo es el *buscador*.

* * *

Yo creía que era muy importante tener lo que llamaba "un sentido". Y todos los años que pasé sin encontrarlo me sentí muy mal. Creía que todo el mundo tenía un sentido, pero yo no podía encontrar el mío.

¡Qué extraordinario es darse cuenta de que la vida no necesita tener ningún sentido! ¡Qué extraordinario reconocer ese sentido en su aparente absurdo! ¿Qué sentido tiene la música? ¿Qué sentido tiene una puesta de sol? ¿Qué sentido tiene la danza? ¿No es acaso el objetivo de esas actividades el de escuchar, ver y bailar? La vida es, al mismo tiempo, significativa y absurda. Es ambas cosas y, al mismo tiempo, ninguna de ellas.

¡Qué maravilloso fue ver que mi sentido –si es que tal cosa existe – consiste sencillamente en permanecer aquí sentado, respirando, mientras mi corazón late y escucho el despliegue de multitud de sonidos! ¡Qué extraordinaria libertad hay en todo ello!

* * *

Querer equivale a carecer. Pero *esto* ya es completo en sí mismo, ya es la abundancia que buscas. Cuando te identificas con el deseo, experimentas una sensación de carencia. Entonces crees que, para acabar con esa sensación, debes conseguir lo que quieres. Pero lo cierto es que, aunque pudieses conseguir lo que deseas, no acabarías con la sensación de carencia.

En realidad, no queremos lo que queremos. Lo que realmente queremos es poner fin a nuestra sensación de carencia. Es por esto por lo que apelamos al mecanismo del deseo.

Cuando el deseo se desvanece también lo hace la sensación de carencia. Y entonces es cuando nos damos clara cuenta de que *esto* no carece de nada. Esto ya es pleno y completo. Esto ya es, en sí mismo, perfecto.

Como dijo el maestro zen: «¿Acaso le falta algo al momento presente?».

* * *

Sólo hay amor cuando no hay nada que se interponga entre nosotros. Pero lo cierto es que, entre nosotros, nunca ha habido nada. Lo *único* que existe es el amor.

* * *

La liberación no es algo que ocurra en el tiempo. ¡La liberación consiste en la desaparición de la persona que la desea!

La liberación consiste en la desaparición de la búsqueda de la liberación.

La liberación consiste –¡qué paradoja más sorprendente!– en el final de la búsqueda de la liberación.

La liberación no es otra experiencia más. Las experiencias vienen y van, pero la liberación consiste en la desaparición del experimentador, en la desaparición del que experimenta. Y eso es algo que jamás, ni aunque vivieras mil millones de años, podrías llegar a experimentar.

* * *

Miro una flor. ¿Quién podría negar –a pesar de que no haya "yo" mirando ni flor alguna para ser vista– la increíble belleza de esa flor? ¿Quién podría negar nada? Flor o no flor, lo único que hay es *esto*, aquí, ahora, más allá del pensamiento, más allá del intelecto y más allá de las palabras. Afirmar la inexistencia de la flor niega esa florida delicadeza, pero afirmar su existencia fragmenta de un golpe la realidad y establece separaciones, límites y fronteras donde no hay separación, límite ni frontera alguna.

¿Es o no es una flor? Pero, por más que se trate de una buena pregunta, la respuesta resplandece completamente más allá de las palabras.

¿Es una flor o no lo es? ¡Ten cuidado porque, tanto si contestas como si no, el maestro te cortará la cabeza de un tajo!

¿Es o no una flor? ¡Zas!

* * *

Recuerdo la primera vez en que vi a mi padre. No le vi como "mi" padre, porque en modo alguno era mío. Era un simple personaje de película interpretado por el Ser. Le vi con absoluta claridad. Vi lo que realmente había allí; vi más allá de la historia, más allá de la historia de padre e hijo, más allá de los *deberías*, de los *no deberías*, de los *podrías tener* y de la historia de que no era la persona que yo hubiera querido que fuese. Y es que, cuando todo aquello se desvaneció, cuando el pasado se tornó tan irrelevante como el futuro, sólo quedó frente a mí algo increíblemente inocente, un anciano, de cabello cano, con el rostro arrugado y manchas en las manos. Entonces se desvaneció súbitamente todo intento de cambiarle, dejando tan sólo el agradecimiento.

Todo había sido muy inocente. Él era completamente inocente y yo era completamente inocente. Él no había sido, en modo alguno, mi padre, y yo tampoco había sido, en modo alguno, su hijo. Ésos no son más que roles que hasta entonces habíamos tomado erróneamente por la realidad. Los actores se habían identificado tanto con su rol que se habían olvidado de que no eran más que actores desempeñando sencillamente el papel de padre y el papel de hijo, y distorsionando así completamente la realidad.

Cuando, no obstante, la niebla se disipó y se abrieron las puertas de la percepción, solo quedó la pura simplicidad de lo que ocurría. Un anciano de cabello cano, sentado en una silla y tomando el desayuno. Nada que fuese especialmente "mío". Ninguna sensación de posesión. Ninguna sensación de control o de falta de control. Un personaje sencillo, perfecto en sí mismo. Ahora entendía a qué se refería Jesús cuando dijo que «Yo y mi padre somos uno».

En cierto modo se trataba de una muerte, de la muerte de la historia del padre y de la muerte también, en consecuencia, de la historia del hijo. Muerte del padre, muerte del hijo y muerte también de todo lo que hay entre nosotros. Muerte de los roles. Muerte de la pretensión, muerte de la fachada y muerte de las máscaras y de los juegos. Y, sin embargo, detrás de todas esas muertes queda el latido de la vida, porque nada real puede morir jamás.

Y no sólo muerte del padre, sino también muerte de la madre, de la hermana, del hermano, del amigo y del amante. Ésos no son más que roles provisionales que, por más útiles que resulten para movernos en este mundo, se interponen entre nosotros hasta acabar enmascarando la intimidad de lo que es.

Cuando nada es tuyo, todo es tuyo. Cuando nada es tuyo, no hay nada que pueda obstaculizar nada. Cuando nada es tuyo, el mundo estalla en pedazos. Entonces no hay, en el mundo, obstáculo alguno, y sólo queda una *intimidad* absoluta con otros yoes aparentes y con todo lo que emerge.

No hay nada, cuando desaparecen los roles de padre y de hijo, que puedan obstaculizar esta intimidad.

¡Qué extraordinaria intimidad me une a ese hombrecillo que está tomándose sus copos de maíz! ¡Es demasiado hermoso como para empezar a hablar de ello!

* * *

Aquí no hay nada que temer, porque aquí no hay nadie.

* * *

En la liberación, el corazón y la mente no se experimentan como cosas separadas.

Es por esto por lo que la no-dualidad parece tan pesada, tan conceptual y tan intelectual. ¡Demasiados conceptos de nada, ausencia y presencia! Esto sólo tiene que ver con el *amor*. El amor es la unión entre el corazón y la mente.

La no-dualidad no tiene cada nada que ver con desidentificarse del mundo, fundirse con la nada y testimoniarlo todo. ¡No tiene nada que ver con sentarse, en la cima de una montaña, a contemplar el mundo, compadeciéndose de esos pobres mortales que todavía no están tan despiertos como tú, compadeciéndose de esas pobres almas que todavía tienen ego! No, el amor *es* el mundo y, en consecuencia, no puede alejarse un ápice de él.

El corazón de la presencia irradia amor.

* * *

Todo emerge de la nada. Pero nadie sabe de dónde viene ni hacia dónde va.

Todo esto se nos ofrece de manera gratuita, sin que nadie sepa nada al respecto. Esto es un acto de amor puro.

No necesitas entender todas estas palabras. Fúndete sencillamente con el misterio. Fúndete en aquello a lo que apuntan las palabras.

Sacrifica tu comprensión. Ya ha cumplido su objetivo.

* * *

Esto está más allá de la existencia y de la no existencia. Está más allá del yo y del no-yo. Está más allá del sujeto y del objeto, del tiempo y del espacio, del pasado y del futuro. Todas las palabras están de más cuando lo más fascinante del mundo es tomarte una taza de té, percibir el canto de un pájaro o escuchar el ruido del tráfico.

* * *

Sujeto y objeto emergen juntos y se disuelven también juntos.

Pero, en realidad, no hay sujeto ni objeto.

Lo único que hay es lo que está ocurriendo. E incluso decir eso sería decir demasiado.

* * *

En la liberación, todo cambia, pero, al mismo tiempo, todo sigue igual.

Todo cambia porque ya no se trata de "tu" vida. Ahora ves la vida con absoluta claridad. Todo cambia porque todo se torna maravillosamente transparente y luminoso. Todo cambia porque ahora la vida ya no se opone a la muerte. Todo cambia porque ahora ves todo aquello que antes rechazabas, negabas y a lo que te oponías, como una expresión del amor incondicional.

Pero, al mismo tiempo, sin embargo, todo sigue igual, porque sigues cortando leña y acarreando agua. Comes, cagas y envejeces. Enfermas de cáncer y gritas de dolor en mitad de la noche. Todo sigue desplegándose igual que siempre. No tiene que ver con vivir en una suerte de mundo fantástico de la Nueva Era, no tiene que ver con envolverte entre algodones o conceptos consoladores. No hay entonces modo alguno de obstaculizar la realidad. Ahí acaba todo control y caes en la intimidad con todo, te fundes con la vida y te enamoras de todo lo que es.

* * *

esto...

Estoy paseando por Brighton. Y sólo hay gritos de
niños, motores de autobús, jóvenes abrazándose y
una anciana que se acerca cojeando. Nuestros ojos
se cruzan pero nadie mira a nadie. No hay nada
que se interponga entre nosotros y nos separe.
Sólo intimidad.

Un mendigo pide limosna. Ya está en casa, pero
no lo sabe, aunque tampoco se lo digo. Una de mis
manos le entrega unas cuantas monedas que saca
del bolsillo.

Un niño de cara roja y peto azul choca conmigo.
Mira hacia arriba y, cuando nuestros ojos se
cruzan, veo de nuevo a la anciana y al mendigo.
Todos, en este día soleado, están ahí y nadie
está ahí, paseando por Brighton.

Estoy de nuevo en casa, lavando. Lo único que hay
es el tintineo de los platos, el reflejo de las
burbujas, el chapoteo y el ruido del agua cayendo
del grifo. Es como si los platos se lavaran
solos.

Ahora estoy cenando con mis padres. Hablan,
mientras se toman el postre, de política y de
religión. Voces, silencio, voces, silencio,
y no hay diferencia entre voces y silencio. Estos
ojos se quedan absortos en la intensidad del
reflejo de un rayo de sol sobre la espuma
que corona la taza de café. Las voces de mis
padres se entremezclan con la espuma y el

universo se convierte en un espumoso postre musical lleno de ancianas, niños de cara roja ataviados con peto azul, mendigos, gritos de niños, el rugido del motores del autobús y el simple hecho de lavar los platos.

4.

NO-DUALIDAD:
NADA QUE PERDER,
NADA QUE OBTENER
Y NADA QUE ENSEÑAR

Muere y renace.
Mientras no aprendas esto
no serás más que un aburrido huésped de este oscuro planeta.

GOETHE

Jamás he tenido la sensación de la que la liberación tuviese algo que ver conmigo, con el personaje que el mundo conoce como Jeff. Jamás me he considerado nada especial.

Porque eso fue, de hecho, lo que desapareció, la sensación de que Jeff era algo especial. ¡Pero el descubrimiento más sorprendente fue que la libertad que tanto había estado buscando no tenía nada que ver conmigo! No tenía nada que ver con lo que, hasta entonces, había hecho o dejado de hacer. Nada que ver con el esfuerzo, nada que ver con el logro y nada que ver con añadir algo al buscador. Nada de eso, absolutamente nada. El buscador acabó, de una vez por todas, *destruido*.

Aquí no hay nada que defender. Yo no escribo ni hablo con la intención de demostrar la "adecuación" de mi visión de la no-dualidad, signifique eso lo que signifique. No tengo la menor necesidad de afirmar ni prometer nada sobre la transmisión de este mensaje, porque jamás lo he considerado "mío". Yo no necesito contrastar ni comparar esta visión con ninguna otra. No tengo la menor necesidad de condenar a los maestros por no estar tan "despiertos" o no ser tan "no-dualistas" como yo, signifique eso lo que signifique. Esto no es una competición ni una guerra, es el amor incondicional. Y nadie, aunque pudiera, quiere poseerlo. Es demasiado precioso para ello.

Y eso, en mi opinión, nos obliga a ser humildes. Quizás la humildad sea el "rasgo distintivo" de la liberación. Yo sólo puedo hablar de la experiencia. Jeff, como ves, se ve continuamente *humillado* gracias a este juego divino, absurdo y precioso, ante la sorpresa de lo que es. Y sabe perfectamente que sus palabras se asemejan mucho, en este sentido, al maullido de un gato o al ladrido de un perro. Forman sencillamente parte de la canción del Ser, de la danza divina entre la totalidad y una nada que se manifiesta en todo, como todo y como nada que, cada mañana, canta y resplandece desde el cepillo de los dientes, desde el pescado con patatas fritas que cruje mientras lo mastico en la playa, desde la cálida brisa de otoño que acaricia suavemente mis mejillas y también, obviamente, desde la mierda de perro que piso al volver a casa, ensuciando mis zapatos nuevos.

La vida discurre, pero no hay nadie a quien le ocurra. Y cuando no hay nadie, tampoco hay nadie de quien deba defenderme o ante quien deba presumir de mi comprensión o de mi expresión. No hay nadie aquí entonces que pueda seguir creyéndose todo esto, nadie que pueda cuidar de lo que el mundo piensa o deja de pensar sobre ellos o sobre su "mensaje".

Nada que defender… ésta es la esencia fundamental que este libro trata de transmitir.

* * *

Pero esa libertad y esa gracia siempre están fuera del alcance del individuo.

En el mismo instante en que aparece el individuo, aparece la separación y, en el mismo instante en que aparece la separación, aparece también el anhelo de acabar con la separación, de acabar con la división y de regresar a casa. Ése es el deseo de la ola de regresar al océano aunque, en algún nivel, la ola *sabe* que jamás ha estado alejada del océano… y que la sensación de ser una ola no es más que una crispación provisional de la totalidad.

La pequeña ola es básicamente un buscador que se mueve por el mundo como un pollo sin cabeza, tratando de encontrar lo que nunca ha perdido. Y nunca lo ha perdido, porque jamás lo ha poseído. La ola siempre *ha sido* eso, una expresión perfecta de lo que no puede ser expresado. Tú –es decir, el personaje, la persona o el individuo– siempre has sido una manifestación divina, volcándose total, completa y perfectamente, sin dejar residuo alguno, en esa expresión.

Y la broma cósmica es que, aunque la ola jamás haya dejado de ser una expresión divina, siempre se ha empeñado, de manera incesante y agotadora, en volver a casa. Siempre ha sido la Unidad buscándose a sí misma.

Porque lo único que siempre ha existido es la Unidad.

Es por ello por lo que, cuando la búsqueda concluye, también desaparece la sensación de ser un individuo separado de la totalidad, la sensación de ser una ola minúscula en un océano inmenso. Ese colapso en la Intimidad que se encuentra más allá de las palabras trasciende por completo el intelecto.

Y ésa es precisamente la cuestión, que no se trata de algo que uno pueda poseer o dejar de poseer.

¿Por qué?

Porque, al buscarlo en lugares equivocados, nos orientamos hacia un futuro que nunca llegará. Lo buscamos dentro del mundo, es decir, dentro de nuestro mundo… y ahí no está.

*   *   *

Ya ves, el personaje y su mundo son inseparables. Apenas aparece un personaje, aparece también un mundo en el que ese personaje se mueve. Un mundo en el que el personaje vive, respira y se ve a sí mismo. Y, en este sentido, un personaje enfadado ve un mundo enfadado, un personaje deprimido ve un mundo deprimido y un buscador espiritual ve un mundo lleno de cosas que buscar, un mundo lleno de maestros, de enseñanzas, de esperanzas y de promesas de salvación.

Lo único que el buscador ve es su propio mundo.

Y dentro de ese mundo, el buscador oye hablar del despertar, de la liberación o de cualquier otra cosa parecida. Y entonces empieza a buscarlo dentro de su mundo.

Dentro del mundo del buscador todo es posible. Dentro del mundo del buscador hay un millón de caminos, procesos, prácticas y objetivos espirituales diferentes. Un millón de cosas que hacer y un millón de cosas que ofrecer. Dentro del mundo del buscador buscas la iluminación, buscas la liberación y buscas cualquier tipo de transformación energética. Dentro del mundo del buscador puedes ir a reuniones y escuchar hablar de eventos futuros que pueden ocurrirte o no. Ése es un mundo lleno de creencias, un mundo lleno de conceptos de segunda mano transmitidos por personas bienintencionadas que creen a pies juntillas lo que dicen.

Pero la liberación no es algo que el buscador pueda encontrar en su mundo. La liberación consiste en *la disolución del buscador y en la disolución también, en consecuencia, de su mundo*. Y la desaparición del buscador y de su mundo va acompañada de la zambullida en algo mucho más misterioso, vibrante y vivo que cualquier concepto de segunda mano que alguien pueda jamás prometernos.

En el mismo momento en que empezamos a hablar de esa zambullida, caemos de nuevo en el lenguaje del buscador y del mundo. Pero ése es el único lenguaje que tenemos. Toda enseñanza se mueve dentro del reino del buscador y de su mundo (al que, hablando de manera global, podríamos denominar "mundo onírico"). Pero aun estas palabras, del mismo modo que las palabras pronunciadas en mis encuentros, se mueven dentro del mundo del sueño, motivo por el cual siempre puntualizo que, en el mismo instante en que lo menciono, deja simplemente de ser cierto. En el mismo instante en que hablo de esto, lo convierto en algo, en algo propio del mundo onírico, en algo a lo que el buscador, en un intento de comprensión, pueda aferrarse. Es, desde otra perspectiva, un intento de convertirlo en algo que pueda alcanzarse en el futuro.

Si quieres hablar de la no-dualidad también, en cierto sentido, estás condenado. Debes ser lo suficientemente humilde como para admitir que jamás podrás expresar esto y que hasta la idea de una comunicación no-dualista "perfecta" –si es que tal cosa es posible– permanece total y completamente dentro del mundo onírico.

* * *

Todo, en este mundo onírico, se mantiene en un estado de equilibrio perfecto. La persona deprimida encuentra, vaya adonde vaya, un mundo deprimente; la persona temerosa también encuentra, vaya adonde vaya, un mundo temible, y el buscador siempre encontrará maestros que nutran y alimenten su búsqueda.

De hecho, el maestro necesita tanto al discípulo como éste le necesita a él. El discípulo desempeña, en el mundo del maestro, una función semejante a la que el maestro cumple en el mundo del discípulo. Cumple con una necesidad. A fin de cuentas, el maestro no puede conocerse a sí mismo como tal a menos que, de algún modo, utilice al discípulo para crear y mantener esa identificación. Por ello se aferran uno a otro con tanta intensidad.

En el mundo onírico, en el esfuerzo por ser una persona, en el intento de ser alguien en lugar de nadie, en el intento de que nuestra vida funcione, siempre tropezamos con nuestro propio reflejo.

¡Son tantas las cosas que nos prometen los maestros! Nos prometen un evento futuro llamado iluminación, despertar o algún tipo de cambio o modificación de la percepción que jamás podemos obtener ni dejar de obtener.

No obstante, con la desaparición de la crispación sobre uno mismo –y de la correlativa contracción del espacio del mundo en que se mueven maestros y enseñanzas– se pone de manifiesto una gracia que no tiene nada que ver con acontecimientos futuros, con experiencias espirituales, con cambios perceptivos, con transformaciones de conciencia o con cualquier cosa que los maestros del sueño puedan ofrecernos. Y

eso es sorprendentemente ordinario, tan ordinario como tomarse una taza de té y comer pescado con patatas fritas. Pero
aquí no hay nadie tomándose una taza de té ni comiendo pescado con patatas fritas. Sencillamente se bebe una taza de té y
se come pescado con patatas fritas. Es como si la taza de té se
bebiera a sí misma y el pescado con patatas fritas se comiese a sí mismo. Esto es lo más próximo a la verdad que podemos decir con palabras.

Está completamente más allá de lo que podríamos esperar. Y
no es algo que aparezca de nuevo, sino la revelación de algo
que ya estaba ahí, de algo que, por más oculto que parezca, se
hallaba siempre delante de nosotros. La vida ordinaria siempre ha estado revelándonos sus secretos. El pescado con patatas fritas y la taza de té –y también, por supuesto, la mierda
de perro que acabamos de pisar– siempre han sido guiños del
Amado invitándonos a volver a casa.

Pero todo eso no se limita a ser una comprensión meramente intelectual. Bastaría, si tal fuera el caso, con que cambiásemos nuestros pensamientos de "no es esto" a "es esto" o
de "no estoy despierto" a "estoy despierto". Dentro del mundo onírico, sin embargo, puede resultar extraordinario cambiar de pensamientos. ¡Es mucho mejor, si vamos a dormir,
tener un sueño feliz! ¡Y también es mucho mejor, si vamos a
soñar, pensar positivamente que pensar negativamente! ¿Por
qué no piensas que estás despierto, en lugar de pensar que
estás dormido? Dentro del mundo onírico el individuo puede hacer un millón de cosas diferentes con sus pensamientos
y éstos, a su vez, pueden generar un millón de experiencias
diferentes. Pero aquí vamos a hablar de algo que trasciende por completo todo eso, de algo que no puede ser capturado por ninguna fórmula creada por el pensamiento. "No hay

nadie" y "hay alguien" son, de hecho, afirmaciones igualmente equivocadas. Y lo mismo podríamos decir con respecto a "hay elección" y "no hay elección". Dentro del mundo
del sueño, esos pares de opuestos emergen y se desvanecen
simultáneamente. Pero ninguno de ellos puede llevarnos a
donde realmente queremos ir, es decir, a nuestra propia ausencia.

*　*　*

Más allá de los opuestos de la crispación sobre uno mismo se
encuentra la gracia, la sorpresa que siempre resplandece. Y
sólo por ella, de hecho, la contracción en uno mismo parece
manifestarse. El Ser desempeña todos los papeles, incluido
el papel de quien parece ignorar el Ser. Ésa es la sorprendente revelación… una revelación que, no obstante, se despliega ante nadie.

La persona siempre ha estado, sin darse siquiera cuenta de
ello, encarcelada dentro de su mundo. ¡E imaginaba errónea-
mente que, *dentro* de ese mundo, podía encontrar la libertad!
Sin embargo, con la desaparición de la persona y de su mundo no queda nadie para ser encarcelado. Lo único que queda
es lo que es. La nada siéndolo todo. Sólo esto… y aun eso sería decir demasiado.

Lo único que realmente podemos hacer es tratar de apuntar a
esto lo más clara y sinceramente que podamos y utilizar las
palabras para ir más allá de las palabras. Pero, en el mundo
onírico, la discusión continúa en los siguientes términos:

«¡Mi maestro/mi enseñanza es mejor que el tuyo/la tuya!».
«¡La maestra X es muy dualista, porque insiste en dar una

práctica espiritual, lo que significa que todavía ve personas separadas!».

«El maestro Y enseña exclusivamente desde el intelecto!».

«¡El maestro Z utiliza la palabra "yo", lo que significa que no está liberado!».

¡Te sorprenderías de las veces que escucho este tipo de comentarios!

Es cierto que, en el mundo onírico, algunos de estos argumentos pueden tener cierta validez. Pero también lo es que, en el fondo, todos están equivocados, porque *nadie* puede enseñar esto. No hay personas iluminadas ni personas despiertas. Nadie ha alcanzado jamás la liberación, porque no hay personas. La persona es un espejismo. Nadie posee esta libertad.

Y esto es, precisamente, lo más hermoso. Estamos hablando de algo completamente libre, de algo que continuamente se halla frente a nosotros, de algo a lo que siempre tenemos un acceso incondicional. Y, cuando realmente escuchamos este mensaje, cuando la búsqueda se desvanece y la contracción en uno mismo se relaja, lo que estas palabras señalan se revela con una claridad absoluta y el juego "mi-enseñanza-o-mi-maestro-es-mejor-que tu-maestro-o-tu-enseñanza" se revela como lo que siempre fue, un juego intelectual, una batalla de egos, una distracción de lo que, para este personaje, siempre ha estado en el mismo corazón de este mensaje, el amor incondicional y su revelación y expresión.

Más allá de los inútiles intentos realizados por el personaje para transmitir y defender este mensaje, una intimidad que, pese a ser desmesurada, es completamente ordinaria, yace, desde el mismo comienzo, en segundo plano, susurrándonos quedamente que todo está bien y que no hay «nada que defender… nada que defender… nada que defender».

esto...

Una pareja de ancianos se dirige a paso de
tortuga a la parada de taxis de la estación de
Brighton. La mujer va con muletas y precedida,
un par de pasos, por su marido, un hombrecillo
encorvado. Tiene la columna tan inclinada que
va con la mirada clavada en el suelo, sin poder
mirar al frente. De repente dejo de respirar,
porque estoy viéndome a mí mismo. El amor
avanza tambaleándose hacia la fila de taxis de
la estación de Brighton y el amor observa en
silencio. Sólo quiero, sin saber por qué, que
lleguen sanos y salvos a la parada de taxis. Pero
todo eso se desvanece sin previo aviso y se ve
reemplazado por un aluvión de sonidos e imágenes:
un hombre hablando a voz en grito por teléfono
móvil, el olor de las empanadas de Cornualles
y una mujer medio desnuda anunciando un perfume
desde un cartel.

En la cola de una escalera mecánica de la
estación de Londres, un hombre sube en hombros
a su hija pequeña. Inmediatamente, sin embargo,
se escucha, desde el altavoz, la voz de una
mujer diciendo: «¡Bajen a esa niña, por favor!
¡Es peligroso llevar a niños en hombros en la
escalera mecánica!». El mundo se detiene y el
hombre hace caso de la advertencia. Es el amor el
que ha subido a su hija en hombros y es también
el amor el que advierte al padre del peligro. El
amor está hablándose a sí mismo. Yo soy la voz,
advirtiéndome que no me dañe. Soy el padre que
ama a su hija más que a sí mismo. Lloro y las

lágrimas ruedan por mi rostro hasta caer al sucio
suelo de la estación Victoria, donde no tardan en
evaporarse.

El anciano jorobado y su esposa llegan a la
parada de taxis, el padre coloca nuevamente a
su hija en el suelo y bajan juntos la escalera
cogidos de la mano. Luego estoy en el Burger
King mientras la joven dependienta me pregunta,
colocando un cucurucho de patatas fritas y una
hamburguesa en una bandeja roja:
–¿Quieres ketchup?
–Sí, por favor –me apresto a responder.

Un mendigo sucio que apesta a cerveza se me
acerca y dice:
–¿Y tú qué coño miras, tío?

¡Qué condenadamente perfecto es todo cuando
mueres y lo que ocurre deja de importar!

5.

EL ORIGEN DEL MUNDO

El mundo sólo existe cuando pensamos en él;
los relatos de la creación son para niños.
En realidad, el mundo se crea a cada instante.

JEAN KLEIN

No existe, de hecho, modo alguno de saber lo que es *esto*.

No existe, de hecho, modo alguno de saber quién eres… ni lo que eres ni dónde estás. Hasta el momento en que entra en escena el pensamiento y dice "yo".

"Yo"
"Yo soy"
"Yo soy… una persona"
"Yo soy… una persona… sentada en una habitación…"

Lo único que hay, antes de que el pensamiento elabore una historia al respecto, es el Misterio. Y, antes de esa historia, sólo hay no-conocimiento.

Antes del "yo" no hay mundo. Ahí es donde empieza todo.

* * *

Imágenes, sonidos y olores. Sensaciones corporales. Pensamientos que emergen de la nada. El ruido de la lluvia. Sensación de hambre en el vientre. El ladrido de un perro. El estruendo de la televisión. Esto es todo lo que hay.

Lo que aparece en este momento ya es una expresión perfecta de la vida. La vida se expresa aquí completamente, sin ocultar absolutamente nada. Aquí no hay nada ausente. Y, obviamente, antes de que acabemos de pronunciar la palabra "instante" ya ha desaparecido. En el núcleo de esta apariencia presente, en el centro mismo de este sorprendente despliegue de imágenes, sonidos y olores, no hay ninguna persona, ningún centro, ningún punto de referencia, nadie tirando de las cuerdas que muevan a ninguna marioneta. Las luces están encendidas, pero no hay nadie en casa. Hay sonidos, sentimientos y pensamientos, pero nadie que escuche los sonidos, nadie que sienta los sentimientos y nadie que piense los pensamientos. La vida no le sucede *a* nadie ni *para* nadie – sólo sucede. Está sucediendo para nadie.

Tu ausencia es idéntica a la presencia del mundo.

Por ello podemos decir que la vida ya está liberada. La vida ya está libre del yo personal y, por ello mismo, es completamente libre para ser exactamente lo que es, para ser perfectamente ella misma. Desde el mismo comienzo, la vida, de hecho, siempre ha estado libre. Y, como jamás ha estado encadenada, la búsqueda de la libertad siempre ha sido innecesaria.

La liberación no tiene nada que ver con el individuo. No es algo que uno pueda alcanzar. No es algo que unas personas tengan y otras no. No es un estado ni una experiencia. No es algo que ocurra en el tiempo. La liberación no es mía y no puede ser tuya. No es una cosa. No es nada y, al mismo tiempo, lo es todo. Si hay liberación, no es para nadie.

No hay libro que pueda hablarte de esto ni maestro que pueda enseñártelo. Nadie puede dártelo. Y, aun en el caso de que *esto* pudiera enseñarse, ¿cómo podrían prepararte para *ello*?

¿Cómo podrían prepararte para lo que está ocurriendo ahora, en *este* preciso instante? No, nadie podría haberte contado nada sobre *esta* apariencia presente, sobre lo que está ocurriendo ahora mismo. *Esto* siempre es nuevo, completamente nuevo. Nadie podía preverlo jamás.

Y lo más extraordinario es que esto siempre es tuyo, sólo tuyo, aunque no haya aquí ningún "tú". Es la intimidad, la intimidad más absoluta, una intimidad que no se despliega ante nadie, una intimidad que queda completamente más allá de las palabras.

* * *

La vida ya es perfecta y completa. Está desempeñando todos los roles. La alfombra, el techo, las paredes y las ventanas. Hasta en las cosas más nimias, más pequeñas y más insignificantes.

Cualquier idea que el individuo se haga sobre la liberación acabará consumida por esta vitalidad. Esta vitalidad acaba con todas las ideas que nos hagamos de ella. Esta vitalidad es, en cierto modo, muy destructiva, porque siempre consume los viejos conceptos y las ideas obsoletas. Cualquier residuo del pasado acaba viéndose desplazado por lo que ocurra en el presente, por el ritmo del latido cardíaco y por el sonido de la respiración. Por las paredes y por la alfombra. Por las imágenes, los sonidos y los olores presentes.

La vida siempre está llamándonos. Todo nos invita a volver a esto. Todo dice: «escucha y mira, porque lo que estás escuchando es Dios y lo que estás viendo no es sino una expresión de lo divino».

* * *

Escuchar este mensaje por vez primera puede resultar muy desafiante. Es sorprendente escuchar que uno no es nada. Pero lo cierto es que las cosas sólo pueden suceder porque no somos nada. Sólo porque no somos nada podemos escuchar ahora el ruido de la lluvia, sin nada que lo impida. Sólo porque no somos nada podemos, sin nada que lo impida, leer estas palabras. Sólo porque estamos ausentes puede revelarse, ante nosotros, esta presencia. Sólo porque nosotros *no* somos, todo *es*. Somos nosotros los que permitimos que el mundo sea.

Todo lo que ocurre apunta ya a tu ausencia. Todo lo que ocurre apunta a la muerte de lo que ya se ha ido, a la muerte de lo viejo, a la muerte de lo conocido, a muerte de lo que creías ser, a la muerte de lo que creías necesitar y a la muerte de lo que creías querer.

* * *

Cuando escuchan por vez primera este mensaje hay quienes reaccionan con miedo e ira. Hay quienes se asustan mucho al escuchar que el personaje que tan en serio se toman no es más que una fantasía. «¿Cómo es eso de que no soy nada? ¡Creía serlo todo! ¡Creía que lo hacía todo!» Esto contradice tanto lo que pensábamos y todo lo que creíamos que puede resultar muy provocador.

Pero lo cierto es que, cuando no eres nada, cuando no tienes nada, cuando todo es presencia, sólo queda una sorprendente abertura. Una abertura a las sensaciones, a los sentimientos y a todo lo que la vida tiene que ofrecernos. Entonces resulta evidente que cualquier intento de impedir el despliegue de la vida sólo conduce al agotamiento, la frustración y la desesperación. La vida resulta imposible de bloquear. La vida siempre prevalece. La vida acaba con todo intento de bloquearla y destroza todo lo que obstaculiza su camino. Es pura vitalidad, energía pura. Convendrá, puesto que la vida no puede ser bloqueada… no intentarlo siquiera.

La liberación es, en cierto modo, una especie de pérdida. La pérdida de todo lo que estaba de más, la pérdida de todas las tonterías. Entonces vemos con absoluta claridad lo que ya era pero que, en nuestra búsqueda de algo más, nos pasaba inadvertido.

Es una vida sin buscador. Es la muerte del buscador y el comienzo de otra cosa.

Cuando la búsqueda concluye, cuando vemos con absoluta claridad la futilidad de la búsqueda, *esto* –es decir, lo que es– resulta fascinante, porque es todo lo que queda. Cuando te despojas de todo, literalmente de todo, te quedas desnudo ante la vida, sin nada que la bloquee, completamente expuesto y completamente vulnerable. Pero es precisamente entonces cuando descubres la fortaleza que se deriva de la absoluta certeza de que ningún poder del mundo puede llegar jamás a rozarte. Entonces permaneces desnudo frente a la vida, te fundes con ella y todo acaba desapareciendo.

Y entonces te fundes también con lo que es. Y *lo que es* se convierte en tu compañero constante. Cuando te fundes con todo, jamás vuelves a sentirte solo.

* * *

Dicho en pocas palabras, la búsqueda revela entonces su fracaso. La mente no consigue lo que quería. Siempre estuvo buscando algo, algo que obtener en el futuro, un futuro que, por cierto, jamás llegó.

La búsqueda fracasa, pero estaba *condenada* a fracasar porque se asentaba en la falsa premisa de que aquí había una persona que se sentía incompleta y quería acabar con la sensación de incompletud. Cuando, no obstante, advertimos que aquí no hay nadie, la búsqueda sencillamente concluye.

Y cuando la búsqueda fracasa, cuando la búsqueda fracasa por completo, te quedas sentado aquí, en esta silla y en esta habitación. Sentado en una silla ordinaria, escuchando el zumbido de una mosca que revolotea por una habitación ordinaria, oliendo ese olor que parece venir de alguna cocina y experimentando una sensación de hambre en el vientre. ¡Qué desengaño, para una mente que esperaba tanto! «¡Hemos fracasado miserablemente! ¡No hemos conseguido lo que queríamos! ¡No hemos alcanzado nuestros objetivos!». Por ello este mensaje suele ser calificado como un mensaje "desesperanzado" y seguimos aferrándonos, con uñas y dientes, a la expectativa de una salvación futura. ¡Todavía seguimos secretamente aferrados a la expectativa de una salvación futura! Miramos alrededor nuestro y nos decimos: «¿Esto era todo? ¡Pero si esto no es nada!». Y es que todavía seguimos esperando un futuro en el que supuestamente lo tendremos todo.

Finalmente, sin embargo, todo se desvanece, incluida la esperanza y también, en consecuencia, la desesperanza. La desesperanza sólo es posible cuando uno está aferrado a la esperanza, a la esperanza de que exista algo más que esto. Pero cuando toda esperanza se desvanece, cuando realmente desaparece, no hay posible desesperanza. Entonces es cuando la esperanza y la desesperanza se disuelven y te quedas aquí, sentado en esta silla y diciéndote: «¡Espera un poco! ¡Esto no está tan mal! ¡Lo que está sucediendo no está tan mal! ¡De hecho es perfecto! Estoy sentado en una silla cómoda. Estoy respirando. Mi cuerpo está caliente. ¿Qué hay de malo en este momento?». Y entonces es cuando aparece la sorprendente revelación de que quizás todo haya estado siempre bien.

Ya ves, nos hemos pasado la vida convirtiendo *esto* en el enemigo. *Esto* nunca era lo suficientemente bueno. *Esto* era demasiado ordinario, demasiado aburrido. *Esto* siempre era un medio para alcanzar un fin. Nosotros queríamos lo extraordinario. No queríamos *esto*, queríamos despertar de *esto*. No queríamos *esto*, queríamos un mundo diferente, un estado diferente y una experiencia diferente.

Nosotros hemos convertido a *esto* en el enemigo. Hemos convertido a la vida en el enemigo. Lo que estaba sucediendo nunca era, para nosotros, lo suficientemente bueno.

¡Pero qué inocente es, en realidad, la vida cuando nos detenemos y echamos un vistazo a lo sentimos! ¡Qué inocente cuando la tocamos y la degustamos! ¿Cómo pudimos tomarla, en algún momento, por un enemigo? La vida es muy inocente. Lo único que la silla ha estado haciendo es permanecer aquí, brindándose y susurrándonos al oído: «Ven, siéntate y descansa. Estoy aquí para ti». Y algo parecido sucede con esa alfombra a la que nunca antes, en nuestra búsqueda de un supuesto despertar futuro, habíamos prestado atención. La alfombra siempre ha estado aquí, brindándose y susurrándonos al oído: «Ven y písame. No te pido absolutamente nada».

No veíamos la alfombra, porque estábamos demasiado ocupados tratando de iluminarnos. ¡Queríamos ser personas iluminadas de pie sobre una alfombra! Nos pasamos cincuenta años trabajando en nosotros mismos o meditado para llegar al nirvana antes de ver la alfombra. ¡O quizá esperábamos, antes de permitirnos ver la alfombra, estar "completamente presentes"! Pero todo eso no era sino una postergación. Un movimiento de alejamiento en dirección a un futuro que nunca llegaba. Pero la alfombra siempre ha sido muy inocente. Siempre ha estado aquí brindándosenos.

La vida siempre ocurre aquí, pero nosotros estamos demasiado ocupados yéndonos a otro lado.

Y, del mismo modo, soslayamos también el techo. Estamos demasiado ocupados tratando de cambiar, tratando de transformarnos y tratando de convertirnos en alguien o en algo. ¡Nunca nos preocupamos del techo, queríamos despertar bajo ese techo! Pero el techo siempre ha estado recordándonos que *esto* es todo y que estamos engañándonos. El techo siempre ha sido una expresión perfecta de lo divino. Si, la Unidad siempre ha estado aquí, disfrazada de techo, disfrazada de alfombra, disfrazada de ropa, disfrazada de respiración y, en suma, disfrazada de todo. La Unidad siempre ha estado aquí, pero nosotros estábamos tan condenadamente ocupados tratando de mejorar nuestros yoes ilusorios que ni siquiera nos dábamos cuenta.

Nunca supimos, en realidad, en qué tratábamos de convertirnos, lo único que sabíamos es que con esto no bastaba. Y no nos preocupábamos por la silla, porque creíamos tener un futuro, no nos preocupamos por el techo, porque creíamos tener un futuro y no nos preocupábamos por la vida y por su vitalidad, porque creíamos tener un futuro. Estábamos atrapados en la búsqueda espiritual, estábamos atrapados en historias de enseñanzas y en historias de seres iluminados.

El mundo, de algún modo, te dijo que eras una pequeña "persona", un "yo" separado que tenía que hacer tal o cual cosa, que tenía que triunfar, que tenía que convertirse en alguien. Y tú te lo creíste, te creíste inocentemente todo eso. Eso era, en aquel entonces, todo lo que sabías.

Ahora podemos crecer. Ahora podemos madurar. Ahora podemos ver esto como lo que es, como el milagro ofreciéndose a nuestra atónita mirada. Aquí está, como por arte de magia. ¡Qué inocente! Jamás, ni un solo instante, nos hemos separado un ápice de esta inocencia. ¡Hemos pasado la vida tratando de acabar con la separación y acabamos descubriendo que jamás habíamos estado separados! Y ahora nos damos cuenta de que la silla siempre ha estado llamándolos la atención sobre esto, ahora nos damos cuenta de que el techo y la alfombra siempre han estado llamándolos la atención sobre esto, siempre han estado señalando el camino de vuelta a casa.

¡Estábamos identificados con nuestros maestros que, creyendo haber encontrado la respuesta, querían transmitirnos la buena nueva y enseñarnos a vivir! Así fue cómo olvidamos lo evidente, que la vida, la única maestra, siempre está enseñándonos. Estábamos tan ocupados buscando la experiencia del despertar, la experiencia de la beatitud y todas las experiencias de segunda mano de las que tantos habíamos leído, que nos olvidamos de *esta* experiencia. Estábamos tan ocupados buscando la experiencia extraordinaria, que nos olvidamos de la experiencia ordinaria. Estábamos tan ocupados engañándonos a nosotros mismos, diciéndonos que éramos

"personas espirituales" y necesitando, en consecuencia, conectar con otras "personas espirituales", que nos olvidamos
de la anciana que tiene dificultades en cruzar la calle y que,
aunque no sepa lo que significan los términos "espiritual" o
"despierto", probablemente está más sintonizada con la vida
que cualquiera.

* * *

Siempre estamos viendo esto por última vez. Nunca podemos estar seguros de contar con otro instante. Esto es precioso y frágil. Siempre es la última vez que verás la silla,
la última vez que verás el techo y la última vez que verás
la alfombra. Siempre es la última vez que verás tus manos.
Y ésta siempre será tu última respiración. Pensar que mañana seguiremos aquí es una muestra de arrogancia extraordinaria. ¿Quién puede dar por sentado que mañana seguirá
aquí? ¿Acaso nos lo merecemos? Pero lo más hermoso es
que, aun sin merecérnoslo, disfrutamos de ello. Ésa es la gracia. Aunque no nos lo merecemos, disfrutamos de ello… hasta que dejamos de disfrutar.

¡Qué malos, Dios mío, hemos sido! ¡Qué cosas tan feas hemos hecho en nuestra vida! ¡Cómo nos hemos enfadado con
los demás! ¡Cuánto les hemos juzgado! ¡Pero la gracia es
que, aunque no nos lo merezcamos, esto está, no obstante,
aquí! ¡Un auténtico regalo!

No nos merecemos esto. Esto es un regalo que se nos da independientemente de lo que hayamos hecho, independientemente de lo que hayamos logrado o dejado de lograr e independientemente de lo que creamos o dejemos de creer. No
somos nada pero, en este mismo instante, se nos ofrece todo.

Todo lo que necesitamos. ¡Qué arrogancia pensar que merecemos más! En la raíz de toda búsqueda espiritual está la arrogancia, el narcisismo y el ego. ¡En la raíz está el yo! ¡En la raíz siempre está el yo! ¡Yo me merezco esto! ¡Yo me merezco aquello!

Ahí es donde empieza todo, en el yo. Yo. Yo quiero. Yo necesito. Ese "yo", esa persona, que tan sólida y real parece, no está presente en el sueño profundo sin sueños. Ahí sencillamente no hay persona, deseos, objetivos ni necesidades. Es por esto por lo que toda búsqueda se asienta en el vacío, toda búsqueda carece de fundamento, es un mero castillo en el aire.

Antes del "yo", antes del "yo quiero" y antes del "yo necesito" no hay nada. Antes del "yo" no hay deseos ni necesidades. Todo es completo. No hay aquí carencia alguna. Antes de que la búsqueda emerja de la nada no hay aquí carencia alguna.

En el momento en que aparece la búsqueda aparece la carencia. Y entonces, para acabar con esa sensación de carencia, nos orientamos hacia el mundo y aparecen los maestros. Los maestros son una proyección de nuestra sensación de carencia.

Y los maestros nos prometen algo en el futuro. Algo que ellos tienen y que nosotros –si nos esforzamos lo suficiente y si somos lo suficientemente afortunados– también podremos tener. Pero todo eso no hace sino alentar la sensación de incompletud, la sensación de ser una persona separada que "todavía no está aquí". Y eso es algo que gusta mucho a los maestros porque, cuando tú estás perdido, pueden mostrarte el camino, lo que consolida su sensación de identidad y evita que se sientan amenazados por el vacío.

Nosotros no podemos renunciar a nuestros maestros, permanecer en pie sin seguir a ninguna autoridad y enfrentarnos a la vida sin red que nos proteja. Porque renunciar al maestro significa renunciar también al discípulo. ¿Y quiénes seríamos si dejásemos de ser discípulos? También deberíamos, si renunciásemos al maestro, renunciar a nuestro propio yo. Y eso es la muerte. Nos hemos pasado la vida definiéndonos según nuestro camino espiritual, nuestras prácticas y nuestros maestros. Nos hemos definido como buscadores. ¿Quiénes seríamos sin la búsqueda? ¿Quiénes seríamos si desapareciese el buscador? La cuestión puede resultar aterradora.

Éste es el motivo por el cual la gente no suele interesarse por este mensaje. Quieren seguir considerándose buscadores. Quieren vivir. No quieren morir. Y eso está muy bien, porque también forma parte del juego. Pero, para quienes están en condiciones de escuchar, aquí hablamos de la posibilidad de renunciar al maestro, de renunciar al camino, de renunciar al buscador y de permanecer de pie, sin muletas ni puntos de referencia. Estamos hablando de la posibilidad de vivir sin mapas y sin guías. Estamos hablando de la posibilidad de vivir en caída libre y de enfrentarnos a la crudeza de la experiencia sin nadie que nos diga lo que tenemos que sentir, lo que tenemos que pensar y cómo tenemos que cambiar. Estamos hablando de la posibilidad de permanecer de pie sin mamá y sin papá. Sin idea preconcebida alguna de Dios. Sin cielos y sin infiernos. Sin palabras.

La libertad consiste en ser sin pasado y sin futuro. Consiste en estar completamente solo, pero nadie está, ni un momento, a solas. La libertad consiste en enfrentarnos cara a cara a la vida. Admitir que sencillamente estamos cansados de una

EL ORIGEN DEL MUNDO

vida de búsqueda, de una vida de pretensiones, de una vida tratando de esquivar la crudeza de la experiencia. La libertad consiste en ver la vida con absoluta claridad y saber que siempre es un milagro. Y ver también, para empezar, que la vida nunca ha sido tuya.

A eso le llamamos "muerte". Y le tenemos miedo. Así de loca se ha vuelto nuestra mente.

* * *

Todo acaba en el misterio absoluto, todo acaba en la sorpresa, todo acaba en la gratitud, todo acaba en la simplicidad y, en suma, todo acaba en el mismo lugar en que empezó, en la inocencia. Jesús dijo: «A menos que os convirtáis en niños no entraréis conmigo en el Reino de los Cielos». De eso, precisamente, estamos hablando.

Entonces te quedas a solas con el misterio del que todo emerge y al que todo regresa. Pero nadie sabe de dónde viene ni a dónde va. Y quien afirme saberlo está engañándote. El misterio no puede ser conocido. Nadie lo conoce.

Viene de ningún lugar y va a ningún lugar y, entre un momento y otro, hay un despliegue sorprendente. Nadie jugando a serlo todo. La Unidad jugando a estar separada. Jamás podremos descubrir el misterio y jamás podremos alcanzar el despertar, porque ya lo estamos viviendo, siempre estamos viviéndolo.

Pero, obviamente, no somos *nosotros* quienes lo vivimos, porque *eso* se vive a sí mismo. *Eso* despierta por la mañana, se cepilla los dientes y se va a trabajar. *Eso* lava los platos, pasea con los amigos, vuelve a casa y se mete en la cama. *Eso* es lo que lo hace todo.

Siempre ha habido aquí algo que, de manera silenciosa, amable e inocente, observaba el modo en que el personaje nacía, crecía y vivía; algo que observaba, silenciosa, amable e inocentemente, el modo en que Jeff envejecía, enfermaba y moría. Siempre ha habido algo aquí que contemplaba amorosa y ecuánimemente el modo en que el cuerpo va dejando de funcionar hasta que, como una pieza de ropa vieja, acaba en el cubo de la basura. El juego se despliega solo, el personaje vive su vida y todo se ve envuelto por un amor sin nombre.

Poco importa ya lo que le ocurra al personaje. Eso ya ha dejado de importar. ¿Qué más da si mañana le atropella un autobús? Perfecto, muy bien, eso es algo que puede asumirse. Con *esto* basta.

El origen del mundo es idéntico a su fin.

Y, cuando todo concluye, sólo queda la gratitud más profunda por todo lo que se nos ha regalado.

esto…

Estoy sentado en un encuentro de no-dualidad de
Jeff Foster. Una mujer formula una pregunta.
Quiere indicadores y pistas para experimentar la
Unidad. Toma notas. El sonido de su voz se funde
con el calor del estómago, un dolorcillo en el
pie izquierdo y el difuso olor de una loción para
después del afeitado. Alguien que está sentado a
mi izquierda tose y se suena, mientras se oye el
sonido de un claxon procedente del exterior.
Este lugar está vivo.

Alguien escucha, de algún modo, las palabras de
la mujer. Yo sólo puedo escuchar la melodía de
su voz. Todo lo que hay en la habitación danza
al ritmo de esa melodía. El sonido del coche,
el hombre que se suena la nariz y el niño que
se aburre al fondo. Todos están atrapados en la
misma danza secreta.

La mujer se sienta, sin darse cuenta siquiera de
que la mejor respuesta a su pregunta se hallaba
en el sonido de su voz.

Silencio. Yo no tengo ninguna respuesta para
ella. Esto está vacío de preguntas y de
respuestas. Yo soy un niño. No sé nada de no-
dualidad. Sólo sé de bocinas, del olor de la
loción para después del afeitado, de dolor del
pie y del sonido de alguien sonándose. Ése es
el mundo en el que vivo. Aquí mismo. No hay otra
dimensión. Y, por más que mi boca se abra para

hablar, no tengo la menor idea de lo que va a
decir.

-¿Puedes acercarme el azúcar, querida?

Aquí estoy, sentado con Amy en la playa de
Brighton, mirando el mar y tomando té en una taza
de cartón. Nos abrazamos en silencio, observando
el vaivén del agua en el canal de la Mancha. Una
gaviota se nos acerca caminando, lanza un agudo
graznido y se caga en los guijarros.

6.

CONFESIONES II

Si quieres respuestas, si quieres aprender algo, si quieres "obtener" algo o si quieres ser consolado, busca a un maestro.

Pero si estás cansado de la búsqueda, si estás dispuesto a perder algo y si estás listo para morir y volver a casa, sigue leyendo…

* * *

Hay veces en que la gente me pregunta cosas muy complicadas sobre la naturaleza de la realidad. A veces parece como si estuviesen buscando algo que no pudiesen encontrar. En sus ojos brilla entonces la desesperación. Es como si anhelasen algo que no pudiesen nombrar.

Bastaría con que se diesen cuenta de que la respuesta a sus demandas se halla literalmente aquí mismo, en el sonido de sus voces formulando la pregunta.

Sus voces están cantando a Dios. Poco importa, por tanto, cuál sea la pregunta, porque la respuesta siempre es la misma.

* * *

Todo sufrimiento es una versión diferente
de "con esto no basta",
pero, cuando basta con lo que sucede,
no cabe nada llamado sufrimiento.

¡Pero mira! ¡Ahora mismo basta con lo que sucede!
¿Que cómo lo sé? ¡Sencillamente porque está sucediendo!

* * *

No hay camino que te acerque a esto.

Nadie tiene que enseñarte a respirar… como nadie tiene tampoco que enseñarte a "ser".

El Ser no te necesita para "ser". El ser ya es perfecto tal cual es. No necesitas añadir otra capa al Ser.

Por un lado, está el Ser y, por el otro, hay una persona practicando el "ser". Pero la broma cósmica es que la persona que practica el Ser ya es al 100%. Es el Ser ejercitándose a sí mismo. ¡Es el Ser siendo completamente él mismo! Pero lo mismo ocurre tanto si estás ejercitando el ser como si estás tomándote una jarra de cerveza en el pub. No hay nada que sea más "espiritual" que otra cosa. Y, cuando estás identificado con tu persona "espiritual", eso es algo muy difícil de escuchar.

* * *

Tú jamás podrás liberarte de la búsqueda, porque *eres* la búsqueda.

* * *

Pretendes desembarazarte de la búsqueda, pero tratar de desembarazarse de la búsqueda es la forma más intensa de búsqueda. ¡Es como un perro tratando de alcanzar su propia cola! No es de extrañar que este juego espiritual acabe generando tanta confusión y tanta frustración.

* * *

Considera la posibilidad de que no estés leyendo estas palabras.

* * *

* * *

El individuo contempla el mundo que le rodea y se pregunta: «¿Qué significa todo esto? ¿Cuál es el significado de la vida?».

Si todo este despliegue tiene algún sentido consiste en verlo. Todo está aquí para ser visto.

Es como preguntarse, después de despertar del sueño, cuál era su significado. Desde dentro del sueño hay un millón de respuestas posibles a esa pregunta, un millón de significados, de explicaciones y de teorías diferentes.

Pero, cuando sales del sueño —y, obviamente, eso no es algo que *tú* puedas hacer—, sólo ves que el sueño no te llevaba a ninguna parte.

Desde dentro del sueño del tiempo y del espacio, parece como si A estuviese dirigiéndose hacia B. Pero, una vez despierto, sin embargo, uno se da cuenta de que A jamás estaba dirigiéndose hacia el despertar. Uno no iba realmente a ningún lugar, porque fuera del sueño no hay tiempo ni tampoco causalidad.
Todo en el sueño apunta a la posibilidad de la liberación.

* * *

Todo lo que te ha sucedido en la vida ha sido perfecto. Todo ha ocurrido para que te encontrases con el personaje exactamente donde estaba. Y qué duda cabe de que así lo hizo, porque todo lo que ocurre es, en última instancia, una proyección de ti mismo.

Todo es, en última instancia, apropiado, porque todo está señalando hacia *aquí*. Y también hacia *esto* señalaba todo lo que ha sucedido. La historia de tu vida no es, ahora mismo, más que una historia que emerge en el presente. Ésta es la única historia que ahora podría aparecer. Es como si, al despertar de un sueño, te dieses cuenta de que ése era *el único sueño que podías tener*.

Todos hemos estado soñando "el sueño adecuado". Las personas creen que, para alcanzar algo llamado liberación, necesitan cambiar su sueño. Pero poco importa, en la liberación, lo que ha ocurrido en el sueño. Además, tratar de cambiar el sueño sólo sería un nuevo sueño.

* * *

* * *

La vida, para una persona, puede parecer seria. Si has nacido y si, un buen día, debes morir, sólo dispones de un tiempo limitado, en cuyo caso, la vida puede parecer seria.

Pero, cuando todo esto desaparece, también lo hace la seriedad. Entonces resulta imposible tomarse nada demasiado en serio. Entonces resulta imposible implicarse demasiado en la historia del mundo aunque, por puro juego, puedas entonces jugar con el mundo. Y, en tal caso, aunque no exista "yo" ni mundo, juegas como un niño pretendiendo que *existe* un "yo" y que *existe* un mundo.

Entonces también aparece un "tú", lo que resulta extraordinario. Y no sólo un "tú", sino también un "él" y hasta un "ellos". De la nada emerge entonces un sueño asombroso, una danza, un despliegue extraordinario de luces y de sonidos que es todo lo que hay.

Y, en el mismo instante en que desaparece la seriedad también desaparece, con ella, la pesadez. ¡Antes era muy serio con algo llamado espiritualidad! ¡Antes me tomaba muy en serio algo llamado no-dualidad! ¡Me preocupaba mucho que la gente no viese lo mismo que yo! ¡También solía enfadarme mucho con la gente que no estaba despierta y me tomaba muy en serio algo llamado libertad!

Pero la vida es muy leve y carece de centro. No hay, en ella, punto de referencia alguno. Lo único que hay es juego. Juega, pues, con la vida. ¿Acaso hay algo más que hacer cuando desaparece la búsqueda?

* * *

Nunca estarás completamente *presente*. Si estuvieras completamente presente te verías destruido. "Tú" y la presencia no podéis coexistir.

Decimos: «ahora vamos a estar presentes», pero, en tal caso, estaremos tratando de utilizar el tiempo para alcanzar la presencia, estaremos tratando de utilizar el tiempo para llegar a lo atemporal.

Lo único que existe es la presencia. Todo se despliega en ella. Aun las ideas más elaboradas y fascinantes sobre el ayer y el mañana se despliegan en el presente. Y el "tú" que tanto se esfuerza en estar presente, ese "tú"… ¡ya está presente!

"Tú", de hecho, no pues hacer absolutamente nada ¡y menos todavía estar presente! ¿Qué es lo que una historia puede *hacer*? Una historia no es más que un conglomerado de pensamientos despojado de todo poder. ¡Pero la mente se siente amenazada por este mensaje y ni siquiera quiere escucharlo!

¡Qué extraordinario es ver lo impotentes que realmente somos! ¡Qué extraordinario es renunciar y disolverse en esto sin el menor esfuerzo! ¡Que extraordinario es ser crucificado y morir en la vida eterna! ¡Qué liberación no tener que ser nadie ni que hacer nada! Obviamente, todavía podemos jugar a *hacer* y a *ser*, pero despojados ya de toda seriedad.

* * *

*   *   *

¿Quieres despertar? Antes que nada debes descubrir si hay
alguien sentado en esa silla. Y, cuando te das cuenta de que,
en esa silla, no hay nadie, reconoces también con suma claridad que nadie puede nunca despertar.

*   *   *

Fuera llueve. ¿Pero quién escucha el sonido de la lluvia? ¿Y
dónde está "fuera"? Escucha con mucha atención. Lo único
que hay es el repiqueteo de la lluvia en el suelo. Sólo el sonido, sin persona alguna que lo escuche. Jamás descubrirás
a esa persona. Lo único que descubrirás es el *plis, plas, plis,
plas*, el repiqueteo del agua contra el suelo.
Y ese ruido no sucede "fuera", como algo opuesto a "dentro".
Sucede aquí mismo, en el único lugar en el que todo ocurre.
Todo sucede aquí, más allá de fuera y más acá de dentro, más
allá de los opuestos que definen nuestras vidas. Todo, desde
la lluvia hasta los pensamientos, las guerras, los genocidios,
los conciertos de rock, el sistema solar y el dolor, absolutamente todo, sucede aquí.

Entonces es cuando te das cuenta de que, en realidad, no hay
ningún "aquí". Porque "aquí" requiere de su opuesto "ahí".

Y cuando hasta esa dicotomía se desvanece, lo único que
queda es… *plis, plas, plis, plas*.

Y ni siquiera eso.

*   *   *

*   *   *

No hay nada a lo que podamos llamar silencio. Si realmente escuchas el silencio descubrirás que está lleno de vida y que sencillamente rebosa vitalidad. El silencio es ruido y el ruido silencio. No hay dos.

Nuestro problema es que queremos el silencio, pero no queremos el ruido. Queremos una mente silenciosa en lugar de una mente ruidosa. Es como cuando queremos meditar en el silencio, pero el ruido de la mosca que revolotea en la habitación nos lo dificulta. Por ello acabamos rechazando la mosca.

Y lo mismo ocurre con los pensamientos. Queremos pensamientos bonitos, felices, espirituales y amorosos, pero no queremos el otro lado. Es por esto por lo que, cuando aparecen los pensamientos ruidosos tipo mosca, tratamos de desembarazarnos de ellos y entramos en guerra con nosotros mismos. Entonces es cuando la mente acaba sumergiéndose en una auténtica guerra civil.

Pero, cuando esa guerra concluye, caben todos los pensamientos. Cualquier pensamiento y todos ellos. Todos los pensamientos tienen ahí un lugar. Todas las moscas del mundo pueden entrar pero, como no hay nadie interesado en acercarse a algo llamado "silencio" o en rechazar algo llamado "ruido", pueden permanecer el tiempo que quieran. Eso es, precisamente, el amor.

*   *   *

* * *

Tú no puedes dejar de pensar. ¿Puedes acaso empezar a pensar? Si realmente fueses el creador de tus pensamientos, si realmente estuvieras creando los pensamientos dolorosos, también podrías ponerles fin. En tal caso podrías detenerlos y también podrías no haberlos siquiera iniciado.

¿No ves acaso que los pensamientos no son tuyos? ¿No ves acaso que tus pensamientos son tan tuyos como el canto de ese pájaro? El pájaro canta y los sonidos ocurren, eso es todo.

* * *

Podría haber *nada*, pero parece que hay *algo*. Podría haber un vacío oscuro sin que nadie lo conociese. Y también parece que ocurra algo. Parece que hay imágenes, sonidos, olores, colores y movimientos. Parece que hay cuerpos, árboles, flores y coches. Parece que hay guerras, cánceres y perros. Podría haber nada, pero hay algo.

Ése es el único milagro. No hay la menor necesidad de eso. Siempre estamos contemplando el milagro que se despliega ante nuestros ojos. ¿Nos damos cuenta de lo afortunados que somos?

* * *

* * *

—¿Por qué, si todo es Uno, parece haber separación? —pregunta la gente.

Pero sólo una persona separada puede formular esta pregunta.

—¿Por qué, si todo es océano, hay tantas olas? —pregunta la ola al océano.

Pero, cuando nos damos cuenta de que jamás ha habido una ola separada, la pregunta acaba disolviéndose y la respuesta se pone de manifiesto.

* * *

¿Por qué Uno parece ser dos? Pero no es eso, en realidad, lo que ocurre. La Unidad no *aparece* como algo, *es* todo lo que aparece.

¡La Unidad, en realidad, no hace nada, porque no está separada de nada! En realidad, ni siquiera deberíamos llamarla Unidad… pero ésa es una palabra tan buena como cualquier otra. Podríamos volvernos locos discutiendo eternamente de las palabras…

* * *

* * *

Muchas enseñanzas espirituales insisten en la necesidad de traer nuestra conciencia al momento presente, de prestar atención a lo que es, de permitir que todo sea o de intentar que algo esté en paz con lo que ocurre.

Pero lo que yo sugiero es que lo único que existe es lo que está ocurriendo y que no hay nadie que pueda prestar atención, permitirlo todo o estar en paz con lo que ocurre. Tal cosa implicaría una separación de lo que está ocurriendo, una ilusión primaria que se desvanece en la liberación. No, aquí sólo hay imágenes, sonidos y olores presentes, pero nadie que pueda estar o dejar de estar presente.

"Estar presente con lo que es" no es más que otra *identidad*.

Cuando no hay nadie que pueda estar presente, la misma idea de estar presente se torna obsoleta. Entonces sólo hay presencia, sin nadie que pueda saberlo.

* * *

* * *

Antes del "yo", antes de la crispación sobre uno mismo, no hay mundo. Sólo hay conciencia, sin nadie que se dé cuenta; sólo conciencia, sin nadie que sea consciente. Sólo Ser, total y completamente inconsciente de sí mismo porque, antes del "yo", no hay dos y, para ser consciente de uno mismo, hacen falta dos.

Antes del "yo" no hay absolutamente nada ni nadie que pueda conocerlo. Y cuando cada noche, durante el sueño profundo sin sueños, la crispación sobre uno mismo se diluye en el océano del Ser y el cuerpo acaba relajándose, se abre una totalidad inaccesible al individuo separado.

Y, al llegar la mañana, emerge de muevo la crispación sobre uno mismo. Entonces el Ser se contrae para generar la ilusión de una ola separada en un inmenso océano. Y antes de darte cuenta siquiera, tienes de nuevo un ser humano, una persona que mira el mundo y ve tiempo, espacio, nacimiento y muerte. Entonces aparece el individuo que, a determinados niveles, se pasa el resto de la vida buscando, de mil formas diferentes, librarse de esa individualidad.

Pero cada noche, durante el sueño profundo sin sueños, el individuo desaparece. Algo que parecía sólido y real se revela entonces como un mero espejismo. Desde la crispación, todo parece trágico pero, cuando lo vemos con claridad, todo es perfecto, gozoso y *ligero*.

* * *

*   *   *

Apenas aparece un espejo, afloran súbitamente átomos, océanos, guerras, supernovas y gaviotas revoloteando y moviéndose ante él. Y tú observas el despliegue de todos esos reflejos, el abrazo de un par de amantes, la enfermedad y muerte agónica de cáncer de un ser querido, un nacimiento, el ascenso de un actor o de un empresario, el descubrimiento de una cura para el cáncer, la aparición de un maestro espiritual y la quiebra de un hombre de negocios. Poco después, sin embargo, la danza concluye y, cuando vuelves a mirar el espejo, lo descubres tan impoluto e inocente como antes de que el despliegue comenzase. Nada de lo ocurrido ha dejado mella alguna en el espejo.

Entonces descubres que no hay modo alguno de separar el espejo de lo que en él se reflejaba. El espejo era el reflejo y el reflejo era el espejo. No se trataba de dos cosas separadas.

Y entonces te das cuenta de que no hay ahí ningún espejo… y de que tampoco hay ningún yo.

*   *   *

* * *

«¿Por qué debería –se pregunta la persona inteligente– si no hay "yo" y tampoco, en consecuencia, "tú", haber compasión? ¿Por qué no basta con sentarnos a observar sencillamente el sufrimiento del mundo?» Ésta es una buena pregunta.

La esencia de la compasión afirma que no somos dos, que tu dolor es mi dolor y que tu sufrimiento es el mío. La compasión es el necesario correlato de la comprensión de que no estamos separados. Es por esto por lo que, cuando vemos a una anciana cargada con el carrito de la compra esforzándose en cruzar la calle, nuestro cuerpo se moviliza para ayudarla, aunque no estemos separados, aunque no haya "yo" ni "anciana", aunque todo sea un sueño y su sufrimiento sea una ilusión de la mente, y aunque podamos pasarnos la vida entera sentados discutiendo sobre lo real o irreal que es todo eso, a cruzar la calle.

Porque, obviamente, estás ayudándote a ti mismo. Te ves como una anciana y te acercas para ayudarte a cruzar la calle. ¿Qué otra cosa habría que hacer cuando tú no estás? Cuando no hay nada que defender sólo queda una abertura a todo lo que ocurre.

Ahora veo que los pies me llevan de un lado a otro de la habitación y luego descubro que permanecen quietos. Ahora se mueven y ahora no. Y no sé lo que ocurrirá a continuación, no tengo modo de saber si se moverán o no se moverán.

Pero no parece que se queden quietos. No parece que, en tal caso, uno se siente y diga: «¿Por qué, si todo es un sueño, debería preocuparme? ¿Cuál es, si nada es real, el problema?».

No, entonces no hay tiempo para esos conceptos rígidos de segunda mano. Todo está completamente vivo y responde a la vida. Eso es todo. Y no hay argumento ni debate intelectual que pueda hacerle mella.

Se moviliza para ayudar a la anciana o no lo hace. Ayuda cuando puede y, en caso contrario, no lo hace. No se instala en una posición del tipo "Tengo que ser una buena persona. Tengo que ayudar a las ancianas a cruzar la calle". No. Si se moviera desde una postura rígidamente conceptual, sus acciones serían rígidas, forzadas y quizás hasta inapropiadas. ¡También es posible, a fin de cuentas, que la ayuda sea lo último que la anciana necesite! Si tu movimiento se derivase de una actitud fija, de una moral o de una serie de reglas o normas que alguien te ha transmitido, podrías imponer tu ayuda a alguien que, en ese momento, sólo necesita estar solo. Hay ocasiones en las que lo más "compasivo" es seguir tu camino.

Eso siempre responde de manera imprevista y novedosa a lo que ocurre. Y no hay luego sensación alguna de haberse comportado como una buena persona o como una persona compasiva. ¡Porque, en su actividad, no hay persona alguna implicada! Lo único que hay es un movimiento de ayuda o no, sin nadie que se atribuya, por ello, mérito alguno.

La esencia de la compasión consiste en volcarse por completo en lo que está ocurriendo, disolverse en el inmenso espacio abierto en el que se despliega la totalidad del cosmos, sin separarse, no obstante, un ápice de él.
Y así es como todo concluye, una vez más, en el misterio. ¡En el misterio de ayudar, en este caso, a las ancianas a cruzar la calle!

* * *

Nada es permanente. Esta vida es asombrosamente frágil y hermosamente transparente. En cualquier momento puedes perder lo que has logrado, puede morir la persona más querida y puedes olvidar tus logros más sorprendentes.

En la raíz de todo sufrimiento yace, como siempre han dicho los budistas, la identificación con lo que es efímero. De ahí se deriva el empeño en renunciar a la toda identificación y acceder a un estado despojado de todo apego.

Pero eso acaba convirtiéndose en otro apego, quizás el mayor de todos los apegos, el apego al no-apego.

¿Qué ocurre cuando todos los apegos se desvanecen?

* * *

En el centro del crucifijo está la vida eterna. En el núcleo del más espantoso de los sufrimientos mundanos, en el centro mismo de los huesos rotos y de la piel arrancada yace la eternidad. Jesús, cuando aceptó gustosamente su sacrificio, no hizo intento alguno de escapar de la cruz, porque sabía que la violencia del mundo no puede destruir lo Indestructible, no puede conmover lo Inconmovible, no puede hacer la menor mella en lo que nunca ha nacido ni rozar siquiera la esencia inmortal de la Vida.

* * *

* * *

El Buda jamás se iluminó.

Jesús nunca fue crucificado.

¿Qué diablos quiere decir esto?

¡Menudo koan zen!

Pista:
¿Quién podría, cuando no hay aquí nadie,
iluminarse o morir crucificado?

* * *

* * *

La muerte no es algo que podamos temer. La muerte no es, en modo alguno, "algo".

Cada noche, sin darnos siquiera cuenta de ello, morimos. Cada noche se desvanece la historia del "yo" y, con él, se desvanecen también el pasado, el presente y el futuro. Cada noche se desvanece "yo y mis problemas, yo y mis logros, yo y mis búsqueda espiritual y yo y mi incierto futuro".

En el sueño profundo sin sueños no hay nada, absolutamente nada, ni nadie que lo sepa. En el sueño profundo sin sueños estás muerto. Eso es todo.

¿Por qué, pues, deberíamos temer a la muerte? ¡Cada noche, a fin de cuentas, llevamos a cabo un ensayo de la muerte!

Y, a la mañana siguiente, despertamos diciendo: «Esta noche he tenido un buen sueño». Pero es evidente que no has tenido un buen sueño, porque no estabas ahí. ¡Tú no estabas dormido! Tú no puedes dormir, como tampoco puedes morir.

Pero, a pesar de ello, la ilusión de continuidad prosigue. Y así es como va estableciéndose el vínculo: «Yo soy la misma persona que ayer. Soy el que anoche fue a dormir y el que esta mañana ha despertado. Soy el que nació y el que morirá». De ese *vínculo* se deriva la ilusión de ser una persona.

* * *

*   *   *

Nadie ha muerto nunca.

Ahora mismo, sólo hay presencia. Instantes antes de lo que llamamos muerte sólo hay presencia. Y, por encima de lo que llamamos muerte, sólo hay presencia. Lo único que desaparece es la persona. Lo único que desaparece es la persona que separa la vida de la muerte, la persona que ama aquélla y teme ésta. Lo único que desaparece es lo que puede desaparecer. No hay modo alguno de conocer lo que queda, y todo lo que, al respecto, podemos decir, son meros conceptos.

La muerte es, pues, una zambullida en lo desconocido, en lo incognoscible, en lo que nunca ha nacido y en lo que jamás morirá. Pero aun eso es decir demasiado. Ésas son meras palabras. En ausencia de persona no hay nada, no hay mundo, nacimiento, muerte, espacio ni tiempo. No hay mundo al que morir ni persona que muera. *Lo único que en el momento de la muerte desaparece es la persona que puede morir.*

Nadie ha experimentado jamás la muerte. Sólo podemos experimentar lo que conocemos. La muerte es lo que sabemos sobre la muerte. Pero, cuando nada se conoce, no cabe experiencia ni cabe tampoco muerte.

¿Crees acaso que puedes morir? Pregúntate antes si realmente naciste.

*   *   *

* * *

Lo que la mujer temerosa anhela en secreto no es liberarse del miedo, lo único que quiere es liberarse de "la mujer temerosa".

Lo que el hombre que muere de cáncer anhela en secreto no es liberarse del cáncer, lo único que quiere es ser libre de "el hombre que muere de cáncer".

Lo que el buscador anhela en secreto no es despertar ni iluminarse, sino tan sólo liberarse del buscador.

* * *

*   *   *

Lo que más temes es tu propia ausencia.

Pero tu ausencia
es lo que más anhelas.

Y no es algo
que "tú" puedas llegar nunca a experimentar.

Es por esto por lo que no hay muerte.

*   *   *

El gran descubrimiento:

La vida no "te" necesita.

*   *   *

* * *

Estoy tumbado en la cama del hospital. Los médicos me han diagnosticado un gran forúnculo en el interior del ano y estoy esperando que me lo quiten. El dolor me resulta tan lacerante y abrasador que casi me desmayo.

Resulta sorprendente que esta sensación de dolor también sea *esto*. Cuando era un buscador espiritual quería liberarme del dolor y el sufrimiento y alcanzar un estado imaginario y elusivo, del que había oído hablar a maestros y gurúes, llamado "iluminación". ¡Yo no quería el dolor, yo quería liberarme del dolor!

Pero ahora me doy cuenta de que lo que está generando dolor es precisamente mi intento de liberarme del dolor. El dolor y la "liberación del dolor", como blanco y negro, arriba y abajo, ausencia y presencia y sujeto y objeto, siempre van de la mano. Los opuestos se crean y sostienen mutuamente. Mi búsqueda de una forma de escapar del dolor no era sino un rechazo del dolor, disfrazado de una búsqueda noble, respetable y "espiritual". Y lo mismo sucedía con la búsqueda de una iluminación "fuera de aquí", que no era más que el simple rechazo de lo que aquí está sucediendo.

El dolor se había convertido en enemigo. *Lo que es* se había convertido en el enemigo.

En ausencia de búsqueda, cualquier sensación es bienvenida. Hasta el dolor… aunque no creo que pueda seguir llamándosele "dolor". No tengo la menor idea de lo que es. Sensaciones pasajeras, instante tras instante, pero nada estable a lo que pueda denominar dolor. Y todo emerge y aca-

ba disolviéndose, sin dejar rastro alguno, en la más absoluta
vacuidad. ¿Dónde está ahora el dolor que hace tan solo unos
instantes me asediaba? Ha desaparecido. El dolor es siempre
una historia del dolor, es siempre una historia pasada.

Si tuviese que describirlo diría que es como si hubiera dolor, pero nadie a quien le doliese. Lo único que hay es dolor.
Dolor que sucede o no sucede. Eso es todo. Así de sencillo.

¡Pero no nos equivoquemos, el dolor es doloroso! Y cuando, en ocasiones, es muy intenso, Jeff puede llegar a quejarse
y hasta maldecir. Pero esas quejas y maldiciones son superficiales y finalmente, tras un período de rechazo, se permite
que el dolor sea.

La liberación es muy burda. No hay nadie que pueda impedir nada, nadie que pueda rechazar ningún aspecto de la experiencia. De modo que el dolor es muy burdo y muy intenso. Y,
cuando desaparecen todas las defensas, sólo queda la presencia aparente de todo, en sus formas más burdas e inmediatas.

El dolor se despliega ante nadie. Y esto, cuando lo mencionamos, parece una paradoja. ¿No es como si el dolor debiese
suceder para *alguien*? ¿Quién podría, sino una *persona*, lla-
marlo dolor? Las palabras jamás podrán llegar a capturarlo.
Hay dolor pero, como no hay nadie, no hay dolor. El dolor
está ahí pero, simultáneamente, no está. ¿Y quién podría, por
más ausente que esté, negar esa sensación lacerante y dolorosa entre las piernas?

Y todo desemboca de nuevo en el misterio. Todo concluye
en el no-conocimiento. Lo único que queda es esa misteriosa
sensación de que el mundo llama "dolor" y rechaza.

"Dolor". En el momento en que lo mencionamos parece como si estuviera ahí, como si fuese algo sólido, como si fuese real. Pero la palabra "dolor" no puede rozar siquiera la vitalidad de lo que está sucediendo. Lo que está sucediendo siempre estará completamente liberado y las palabras nunca dejarán de ser más que meros recordatorios.

¿Dónde guardaré, pues, todos estos analgésicos?

* * *

*   *   *

Tememos el exceso de dolor. Pero no existe tal cosa como el *exceso* de dolor. El único dolor que existe es el que hay en este momento.

Lo único que hay es esta sensación de dolor, el dolor que ahora ocurre. Esto es todo lo que hay. El resto no es más que historia.

«¡Esto es demasiado para mí! ¡No puede soportarlo! ¡Me matará! ¿Qué he hecho yo para merecer esto?». Todas ésas son meras historias. El cuerpo tiene una inteligencia infinita y, cuando el dolor es excesivo, cuando realmente desborda nuestra capacidad de enfrentarnos a él, sencillamente nos desconecta.

Abandonado a su suerte, el cuerpo cuida entonces de sí mismo. Y tampoco tendría inconveniente alguno, para ahorrarme el *exceso* de dolor, en dejar de funcionar. Lo único que existe es la bondad.

*   *   *

* * *

Dices que no hay nada que podamos hacer para alcanzar la liberación pero, a pesar de ello, escribes libros y das charlas. ¿No significa eso que hay algo que sí podemos hacer, algo que mencionas en tus libros y en tus charlas? Dices que no debemos escuchar a los maestros, pero tú también pareces presentarte como un maestro. ¿Por qué si, como dices, no es posible mencionar esto con palabras, hablas y escribes libros al respecto? ¿Quizás creas secretamente que tú sí que puedes enseñarle esto la gente? ¿O quizás estés haciéndolo como una forma de ganar dinero o de llamar la atención de los demás? ¿No habrás caído tú también en la "trampa del gurú"?

¡Continuamente están formulándome este tipo de preguntas! Y yo suelo responder que hay un millón de razones diferentes por las que ni siquiera deberíamos hablar de la no-dualidad.

Pero, como siempre digo, ¿por qué no? Y es que, cuando se desvanecen todos los "porqués", la vida se vive desde el "¿por qué no?". Silencio y ruido acaban entonces equiparándose y no hablar de esto es lo mismo que hablar de esto. De modo que, en ocasiones, hablas, en otras ocasiones no hablas y, otras veces, te mantienes en silencio. Pero, cuando alguien formula una pregunta, alguien esboza una respuesta. Y, del mismo modo, alguien se sienta frente a un ordenador y empieza a teclear y a escribir un libro. Pero no sé de dónde vienen las palabras.

Desde el mismo instante en que empecé a escribir y hablar de no-dualidad sabía perfectamente que mis palabras serían mal interpretadas, que me compararían con otros maestros y no maestros y que me acusarían de caer en la trampa del gurú. Eso era algo completamente inevitable.

Pero debes saber que, durante un tiempo, no hablé de esto con nadie. Estaba dispuesto a guardar silencio durante el resto de mi vida. Vi que *esto* es el milagro, que no hay nada más elevado ni más sagrado que lo que ahora está ocurriendo, nada más "espiritual" que esta apariencia presente... y también vi una intimidad que jamás podrá ser transmitida.

¿Cómo transmitir esta intimidad y esta presencia? ¿Cómo hacerlo? ¿Sirven acaso, para ello, las palabras mundanas? ¿Debería emplear el lenguaje de la no-dualidad? Sabía que, en el mismo momento en que pronunciase una palabra, dejaría de capturarlo. Y también sabía que todo lo que pudiese decir al respecto sería falso. *El Tao del que puede hablarse no es el verdadero Tao*. Ante tamaña vitalidad, toda palabra palidece.

Pero tampoco tenía el menor interés en convertir a nadie, ningún interés en ayudar a nadie a ver esto (¿quién, después de todo, podría verlo?), ningún interés en convertirme en alguien especial. ¿Acaso puede alguien ser especial? ¿Cómo podría pensar siquiera en considerarme "especial" y distinto a los demás? Pero sabía que, en el mismo instante en que empezase a hablar de esto, podría hacer que Jeff pareciese especial. ¡Y también sabía que, a pesar de todo, Jeff no era, en modo alguno, especial! ¡O igual de especial, a fin de cuentas, que una silla o una alfombra! ¡Todo es una expresión divina! Era inevitable que, en el mismo instante en que Jeff abriese la boca para decir algo sobre la llamada no-dualidad, otros lo convirtiesen en algo, creyesen que tenía un programa o que estaba motivado por la búsqueda de dinero, atención o fama;

era inevitable, en suma, que creyesen que era un gurú. Era inevitable que apareciesen todas esas proyecciones. Y como eso fue algo que vi desde el mismo comienzo, no estaba dispuesto a hablar de ello.

En determinado momento, sin embargo, me invitaron a hablar y mi boca dijo "sí". Anteriormente había dicho "no", pero entonces dijo "sí". "No" y "sí" son, en este sentido, completamente iguales. Así fue como, al cabo de un tiempo, Jeff se encontró frente a un pequeño grupo de personas y las palabras empezaron a brotar. Todavía no tenía la menor sensación de que "yo" estaba hablando, todavía no tenía la menor sensación de que había algo que decir. Todavía no tenía ninguna agenda, lo único que había era la presencia o no de las palabras. Poco importaba si "los demás" escuchaban o no porque, en ambos casos, la visión era la misma. Y, aunque la audiencia sea ahora un poco mayor, nada ha cambiado realmente. Todavía, en el fondo, sigue siendo una forma de departir con amigos y aunque, en muchos de los encuentros, Jeff se siente a hablar ante una audiencia que, en ocasiones, formula preguntas y él parezca responderlas, el secreto es que lo único que existe es la Unidad encontrándose a sí misma, sin enseñanza alguna de por medio.

Pero he aquí que el mundo cuenta sus historias. Hasta que el buscador no se disuelva y, con él, lo haga también la sensación de identidad contraída, seguirán proyectándose historias de maestros, enseñanzas, gurúes y linajes. El buscador siempre ve un mundo de búsqueda. Pero, cuando todas las proyecciones se desvanecen, lo único que se ve con absoluta claridad es la inexistencia de gurúes, maestros o enseñanzas, porque aquí no hay personas. La totalidad ya está presente y no tiene nada que ver con persona separada alguna. Entonces es evidente que estamos en casa y que la liberación es absoluta.

Entonces el mundo pensará lo que quiera sobre Jeff. ¿Lo está haciendo por dinero? ¿Es un simple viaje del ego? ¿Es un misionero de la no-dualidad? ¿Se considera secretamente un gurú? Yo no puedo hacer que ninguna de esas historias signifique otra cosa. Lo único que puedo hacer es volver a mi vida ordinaria, volver a la playa de Brighton, tomarme una taza de té y olvidarme de todo. Siempre he considerado estos encuentros como charlas entre amigos. Y seguiré participando de esas charlas hasta el momento en que deje de hacerlo. Así de simple. Todo sale del amor y acaba regresando a él.

Un gurú es alguien que realmente cree poder ayudarte en tu búsqueda de la iluminación o el despertar. ¡Qué ridículo! La palabra "iluminación" que tanto prometen los gurúes es una experiencia del tiempo y aquí no hay tiempo; es un constructo de la mente y aquí no hay mente y es el despertar de una persona y aquí no hay persona. Y, como el gurú todavía te ve como una persona que necesita ayuda (y se ve a sí mismo como una persona que puede dártela), te mantendrá atrapado en la ilusión de que, en realidad, existe algo llamado persona y de que existe algo llamado iluminación. Y de ese modo, en su inocencia, te mantendrá atrapado en el mundo del tiempo y del espacio.

No obstante, cuando todo eso se desvanece, lo único que se ve es que no existe persona alguna a la que ayudar o a la que despertar. De hecho, la relación gurú-discípulo o maestro-discípulo desaparece. Nunca hubo maestros, nunca hubo gurúes, nunca hubo alumnos y nunca hubo discípulos. Lo único que existe es el amor incondicional.

Haz, pues, lo que tengas que hacer y deja que el mundo diga de ti lo que quiera. Y deja también, si eso les hace sentirse bien, que te crucifiquen. Porque lo único que, en tal caso, estarán crucificando, será la historia que, en su mundo onírico, habrán elaborado sobre ti. Por más que lo destruyan todo, literalmente todo, jamás podrán rozar siquiera esta vitalidad, jamás podrán teñir esta presencia, jamás podrán hacer la menor muesca en la Vida.

Yo no tengo el menor interés en lo que el mundo me diga. Y comparto, por el puro gozo de hacerlo, este mensaje hasta el momento en que deje de compartirlo. La gente escuchará o seguirá su camino y todo me parecerá bien.

Pero ahora, mientras me tomo una taza de té observando las gaviotas en el embarcadero de Brighton, nada de eso importa lo más mínimo. Me río de la idea de ser un maestro o un gurú. Yo no soy nada. El té y las gaviotas lo son todo. Mi nada es la totalidad del mundo y todo termina ahí, en la simplicidad más absoluta y, por todo ello, sólo hay amor.

Esto, sólo esto y siempre esto.

* * *

Yo no te estoy pidiendo que renuncies a tus prácticas espirituales. Puedes renunciar o no y puedes seguir practicando o no.

Lo único que debes recordar es que:

Renunciar a tus prácticas espirituales no es más que otra práctica espiritual.

La ideología *anti-práctica espiritual* no es más que otra ideología.

* * *

Observa el modo en que la mente convierte todo lo que este libro menciona en otro objetivo. ¿No hay persona? *¡Quiero eso!* ¿El final de la búsqueda? *¡Quiero eso!*

Y si no eres lo suficientemente cuidadoso empezarás a creerme cuando te digo cosas tales como que "yo no estoy aquí". Éste no es un concepto que debas creer, sino una secuencia de palabras que sólo pretenden señalarte algo que trasciende completamente las palabras. En el mismo instante en que lo conviertes en una creencia, en un concepto o en una sensación, deja de ser cierto.

Quien realmente cree "no estar aquí" –y usa esta creencia para separarse de ti– lo hace desde una imagen muy personal de sí mismo. Piensa en ello.

"La experiencia del despertar" de ayer acaba convirtiéndose fácilmente en el viaje egoico de hoy.

* * *

En cierta ocasión, un maestro advaita me dijo que tenía la "sensación" de que yo "todavía estaba aquí". Al parecer, sentía que yo "todavía era una persona", que mi persona todavía no había desaparecido o algo así. Y él, por supuesto había dejado ya de ser una persona. Y, al parecer, la desaparición de su "persona" le había proporcionado la capacidad mágica de saber cuándo… ¡ejem!… la persona de otra… ¡ejem!… la persona de otra persona... ¡ejem!... se había... ¡ejem!... se había despersonalizado.

Pero todo eso, ¿cómo decirlo?, me pareció muy personal para alguien que afirmaba que ahí no existía ninguna persona.

Lo que esa no-persona tan personal parecía soslayar es que sólo una persona puede ver o sentir la presencia o la ausencia de otra persona. Todo es un juego de proyecciones e introyecciones. Humo y espejos. Es la persona de *aquí* la que proyecta una persona *fuera de aquí*.

Cuando *aquí* no hay realmente nadie, posiblemente tampoco haya nadie *ahí*. Cuando la proyección deja de ocurrir, no hay modo de decir «yo ya no estoy aquí, pero tú todavía estás ahí». Eso dejaría entonces de tener sentido.

"Yo no estoy aquí, pero tú todavía estás ahí" no es más que separación. Y, en la liberación, todo eso desaparece.

* * *

La ira nunca es tuya. Una vez que se convierte en "mi" ira, ya no termina. Y una vez que es "mía" se dirige hacia el mundo. «¡Me ha hecho enfadar! ¡Le voy hacer pagar por ello!». Eso es violencia. Eso es guerra. Eso es sufrimiento. Es mi ira dirigida contra el mundo.

Pero, en realidad, nunca ha sido *tu* ira. No es más que ira. Y, cuando no hay nadie tratando de manipular la ira, cuando no hay nadie tratando de rechazarla, de aceptarla, de trascenderla o de amarla; cuando no hay nadie tratando de forjar con ella una identidad, nadie tratando de utilizarla para sentirse un poco mejor; cuando la ira sencillamente sucede sin nadie a quien le ocurra, a su debido tiempo acaba desvaneciéndose. No se proyecta sobre el mundo ni se introyecta en algo llamado yo. Y no hay, en eso, ningún problema. La ira no es, en tal caso, más que una expresión de la energía que se convierte en parte de la textura de este instante. Canta un pájaro, pasa un coche a toda velocidad, un gatito se frota contra tus piernas y aparece la ira. La ira no es sino una más de las cosas que están ocurriendo.

La ira –o miedo o cualquier otra emoción, sensación o sentimiento– ocupa también aquí un lugar. Con demasiada frecuencia se considera que la espiritualidad consiste en desembarazarse de la ira, en desembarazarse de las llamadas emociones "negativas" y en tratar de acercarse a lo que consideramos "positivo". Pero ésa no es más que una falsa dicotomía que acaba escindiendo el mundo en dos. Éste es un acto de violencia y la violencia sólo puede generar más violencia. Una vez establecida la división primordial no hay modo de acabar con ella. No es de extrañar que, con el paso del tiempo, el ser humano haya matado a tantos seres humanos. La realidad es total, unificada y completa. Y lo que resulta evidente es que, cuando la vemos con claridad, la ira es totalmente inocente. Entonces no hay necesidad alguna de dirigirla contra el mundo. Entonces no vas por ahí matando, torturando ni mutilando a nadie. Porque lo que entonces ves es que no hay nada, absolutamente nada, que debas defender. Sólo hay ira, sin nadie que esté enfadado.

Cuando dejamos que la ira viva su propia vida, no hay problema alguno porque, en tal caso, se desvanece del mismo modo en que aparece. Y lo mismo sucede con el miedo, la tristeza y la alegría. Llegan y se van sin dejar rastro, antes de que puedas decir "estaba enfadado" o "tenía miedo". En el momento en que lo mencionas, la ira y el miedo han desaparecido, se han ido y se han visto reemplazados por algo nuevo. Todo está limpio y hay un retorno a la inocencia.

*   *   *

¿Por qué buscamos a Dios cuando Él siempre está mirándonos fijamente a los ojos? Y lo mismo sucede con las imágenes, los sonidos u los olores. Con los árboles, las flores y los pájaros, el ruido del tráfico, los latidos del corazón, estas palabras y fuera de ellas. Con el blanco del papel y el negro de la tinta. Con el espacio y con el silencio. Con lo visto, con lo invisible y con el espacio que los separa. Con el latido de la vida y la paz de la muerte. Con el llanto del bebé y el estertor de muerte de un anciano. Dios canta en todo y como todo.

No en vano, el significado literal de la palabra "universo" es el de "una sola canción".

esto…

Estoy en un funeral. Están enterrando a mi tía.
Personas vestidas de negro sollozan con los ojos
húmedos. Aparecen imágenes de mi tía, imágenes
vivas que cantan y bailan. No son *recuerdos* de
mi tía, *es* mi tía y está completamente viva. Me
siento muy alegre.

Mi estómago ruge. No he comido nada desde el
desayuno. Se me acerca un hombre y me dice que
lamenta mi pérdida. ¿Pérdida? ¿Mía? ¿Pero qué es
lo que habré perdido? No he perdido absolutamente
nada pero, a pesar de ello, le doy las gracias
sonriendo.

Las personas enlutadas entonan entonces un
lamento colectivo. Están rezando a su Dios.
Su llanto se entremezcla con el *plis plas* de
la lluvia, con el rugido del tráfico y con
el crujido y el ruido del féretro al golpear
lateralmente la tumba vacía. No están quemando a
nadie y nadie reza al muerto.

Siento la urgencia de orinar y, cuando llego
al lavabo de caballeros, me encuentro conmigo
mismo. Entonces leo unas palabras garabateadas en
el secamanos que dicen "Si presionas el botón,
recibirás jamón", provocándome una gran risa que,
saliendo de ninguna parte, me hace olvidar el
funeral. Si hay alguna muerte, es ésta.

Vuelvo a casa y mi novia entra en la habitación.
Durante unos instantes no la reconozco. Me abraza

por vez primera y, sin motivo aparente, empezamos
a bailar, medio desnudos, al ritmo de la canción
de Stevie Nicks "Just like a white-winged dove,
sings a song sounds like she's singing ooh,
ooh, ooh". Nuestros cuerpos enloquecen en total
silencio.

Luego veo en la televisión un reality show en
el que reconstruyen la casa de una mujer. ¡Qué
rostro el suyo cuando llega a su casa y descubre
el cambio que ha experimentado su sala de
estar! Las lágrimas brotan de sus ojos como una
catarata.

7.
EL OTRO LADO DE LA NADA

Al comienzo, los árboles eran árboles,
las montañas montañas
y los ríos ríos.
Luego llegó un momento en el que los árboles
dejaron de ser árboles,
las montañas dejaron de ser montañas
y lo ríos dejaron de ser ríos.
Ahora los árboles son de nuevo árboles,
las montañas vuelven a ser montañas
Y los ríos vuelven a ser ríos.

PROVERBIO ZEN

Permíteme contarte una historia.

Al comienzo, los árboles eran árboles, las montañas montañas y los ríos ríos. Y yo era una persona normal y corriente viviendo una vida normal y corriente.

Sin embargo, a mediados de los veinte experimenté una depresión profunda que casi me lleva al borde del suicidio. Entonces me convertí en un buscador espiritual muy serio, me aferré a la idea de iluminación espiritual, la única posibilidad, en mi opinión, de escapar de un mundo lleno de sufrimiento e ignorancia.

Como me sentía desbordado por el mundo de la forma, quería escapar y refugiarme en la vacuidad que hay detrás del mundo. Quería desembarazarme de Jeff y de todos sus problemas y quedarme en lo Absoluto, junto a mi amigo el Buda. Veía con absoluta claridad los problemas de la existencia: la fugacidad de todo, la inevitabilidad de la muerte, la ilusoriedad del yo y la naturaleza vacía de todos los fenómenos. Y mi respuesta fue la de desidentificarme completamente del mundo.

Pero fui demasiado lejos y me sumí en el Vacío. Me desidentifiqué tanto que el mundo dejó de importarme. Entonces fue cuando los árboles dejaron de ser árboles, las montañas dejaron de ser montañas y los ríos dejaron de ser ríos. Nada tenía ya nombre. La vida se convirtió en algo frío y despojado de alegría. No había ahí yo, tú, mí, otro, mundo, pasado, camino, futuro, amor, vida ni significado alguno.

Me pasé entonces días y más días dando vueltas sin rumbo fijo por Oxford, sin que pasara absolutamente nada. No había mundo, memoria ni cosa. Lo único que había era el Vacío.

Recuerdo haberme pasado eternidades sentado en los bancos de los parques. Los fines de semana pasaban en un parpadeo. El sol salía y se ponía, llovía y dejaba de llover, aparecían y se desvanecían rostros y voces instantáneamente y yo no experimentaba absolutamente nada. Lo único real era el vacío, lo único real era la nada. El mundo, para mí, había dejado de existir. *¡Y pensé que estaba iluminado!* En *El lobo estepario*, Herman Hesse había descrito perfectamente mi experiencia con las siguientes palabras:

Yo no encontraba hogar ni compañía, sólo un lugar desde el que contemplar a gente extraña representando extrañas comedias… el tiempo y el mundo, el dinero y el poder pertenecen a los mediocres y a los superficiales. A los demás, a las personas reales, *no les pertenece absolutamente nada.*

Yo creía ser una *persona real*, no uno de esos bobos ignorantes que todavía se hallaban perdidos en el mundo "relativo", esas personas tan poco espirituales que ignoraban cuál era su "auténtica naturaleza". Eso creía, por aquel entonces, que era la no-dualidad. Creía que la no-dualidad consistía en separarse de la vida y morar en la vacuidad.

Pero no me daba cuenta de que el desapego completo de la vida era completamente dualista. El desapego requiere una *persona* que se separe y un *mundo* del que separarse. Obviamente, después de toda una vida de sufrimiento resultó inicialmente un alivio encontrar la vacuidad en la que refugiarme para escapar del infierno en que mi vida se había convertido. Pero la vacuidad acabó convirtiéndose en otra trampa.

Pero en aquella época no me di cuenta de que la vacuidad está completamente llena. Moraba en la vacuidad, pero todavía era el "yo" el que moraba en ella. La vacuidad todavía no se había fundido con la plenitud. Yo todavía no había muerto. Yo todavía no me había enamorado de la totalidad. Porque hacia eso se encaminaba todo.

* * *

Finalmente el desapego, como todo, acabó también colapsándose. Finalmente la persona, la persona que puede desidentificarse o no, murió y apareció la revelación, para nadie, de que *esto es todo*. La falta de alegría se desvaneció y hubo una zambullida en el misterio absoluto... completamente más allá de las palabras, completamente más allá del lenguaje.

Durante mucho tiempo me había sentido despojado de vida. Había pasado mucho tiempo observando cómo el mundo se movía sin mí. El mundo se había convertido, para mí, en un enemigo, porque no era esencialmente real. Las relaciones humanas cotidianas habían perdido, para mí, todo su significado, porque no había otras. Pero ésa fue una *negación* completa de lo relativo, una *negación* completa del mundo. Todavía había un "yo" negando la vida, pretendiendo ser más "espiritual" o "despierto" que los demás, sintiéndose seguro y orgulloso, aunque secretamente vacío y despojado de vida. Así fue como la libertad que inicialmente había descubierto en la vacuidad acabó convirtiéndose en una cárcel. La libertad de la ausencia de forma había acabado convirtiéndose en una negación de la forma. Pero, como desde hace miles de años nos recuerda el Sutra budista del Corazón:

Forma es vacuidad y vacuidad es forma; la vacuidad no es diferente de la forma y la forma no es diferente de la vacuidad; forma es vacío y vacío es forma.

* * *

Y, cuando todo se colapsó, la negación de la forma no pudo seguir manteniéndose. No puedo expresarlo con palabras pero, si pudiese, sonaría algo así como que, después de pasar otro día paseando sin rumbo fijo por Oxford, otro día de absolutamente nada, otro día de desapego del mundo, Jeff se tumbó exhausto sobre la hierba de Christ Church Meadow a contemplar un rayo de luz que atravesaba la copa de un árbol y escuchó a la Vida gritándole:

«¡VIVE, MALDITA SEA, VIVE!».

Entonces fue cuando la vacuidad se fundió con la forma y la forma se fundió con la vacuidad, y forma y vacuidad desparecieron. Sólo había *esto*, sin modo alguno de saber lo que es *esto*. Y entonces fue cuando la persona se disolvió también en el asombro.

Los árboles volvieron de nuevo entonces a ser árboles, las montañas volvieron de nuevo a ser montañas, los ríos volvieron de nuevo a ser ríos y Starbucks volvió de nuevo a ser

Starbucks. Todo volvió entonces a colocarse en su sitio. La silla pudo ser nuevamente silla, sin dejar de ser, al mismo tiempo, una expresión divina de la Unidad jugando a ser una silla, la taza de café pudo ser nuevamente una taza de café, el pensamiento pudo ser de nuevo un pensamiento, la sensación pudo volver a ser una sensación, la tristeza pudo volver a ser tristeza y el amor pudo volver a ser amor. Todo era eso y nada era mío. Y, por el hecho de no ser mío, todo era mío. Las palabras no pueden llegar a capturarlo. Pero, finalmente, podía vivir una vida normal y corriente. Y esa vida ordinaria era el único milagro.

Entonces hubo una zambullida en el mundo, *aunque* sólo fuese un mundo aparente, *aunque* sólo fuese un sueño, *aunque* no hubiese "yo" ni hubiese "otros". Súbitamente, después de años de desidentificación y de buscar la desidentificación, me relajé en *lo que es*. Y entonces fue cuando todo se colapsó nuevamente en la vida normal y corriente.

Pero la búsqueda había concluido. El buscador había muerto. Jeff había muerto y resucitado. Eso fue simultáneamente una crucifixión y una resurrección aunque, en última instancia, nadie había sido crucificado y nadie había resucitado. Ése es el mensaje último de la cruz.

Entonces quedó claro el milagro de *lo que es*. Y con ello bastó. La misma idea de "espiritualidad" se desvaneció, como un concepto que había dejado ya de ser necesario. Y lo mismo ocurrió con los conceptos de "despertar", "iluminación" y "nada", y con los conceptos de prácticas, objetivos y logros futuros. ¿Por qué se desvanecieron todos esos conceptos? Porque bastaba con la hierba. Bastaba con el árbol. Bastaba con el suelo bajo mis pies. Entonces fue cuando me enamoré de la tierra o quizás deba decir que la tierra se enamoró de sí y la búsqueda tocó a su fin.

Como dijo Ramana Maharshi:

> *El mundo es ilusorio.*
> *Sólo Brahman es real.*
> *Brahman es el mundo.*

Y, cuando Brahman es el mundo, todo ha terminado.

O, como exclamó el maestro zen Joho:

> *¡Finalmente sondeado!*
> *Océano seco. Estalla el Vacío.*
> *Sin obstáculo a la vista.*
> *¡Está por doquier!*

Cuando digo que "Esto es eso" o que "la liberación no es algo que pueda ser alcanzado", no debes entenderlo como una enseñanza. Sólo es un intento de *compartir* esta visión. Yo no soy ningún maestro, jamás podría verme como tal, porque no hay aquí punto de referencia alguno. Yo no tengo modo alguno de saber quién soy, porque no puedo separarme de mí, no puedo dar un paso atrás y decir lo que soy. Y, como no soy nada, no soy maestro ni discípulo. Soy lo que tú digas que soy y, por ello mismo, también lo soy todo. Llámame maestro, amigo o como quieras. Tú eres lo que yo soy y yo soy lo que tú eres. Y ahí termina todo, en una intimidad que trasciende todo intento de descripción.

"Nada que obtener" no es ninguna enseñanza, es una *confesión*.

Lo que aquí se ve –y sólo puedo hablar de lo que aquí se ve– es que no hay nada que obtener, porque *éste* es el milagro. Y siempre existe la posibilidad de que se escuche aquello a lo que apuntan estas palabras. Siempre es posible esa resonancia y ese reconocimiento. Quizás, por ello –aunque no lo sé bien–, tenga lugar este compartir.

No, yo no puedo verme como un maestro. Sólo ofrezco las palabras escritas en mis libros y pronunciadas en mis encuentros, eso es todo. Yo sólo canto mi canción. El pájaro pía, el gato maúlla y este organismo corpomental, o lo que sea, a veces balbucea sobre la no-dualidad… y luego se va a casa y se toma una taza de té.

* * *

Cuando hablas de no-dualidad, siempre dices que es algo de lo que no puede hablarse. Si digo «Esto es completo y no hay nada que obtener», se me acusa de caer en lo absoluto. Si, por el contrario, digo «Hay una práctica. Hay algo que puede acercarte más a esto», los fundamentalistas de la no-dualidad (es decir, quienes han convertido a la no-dualidad en su religión, la religión de la no-práctica), me acusan de caer en lo relativo. El mismo Buda dijo:

> No descartes tan sólo las ideas sobre la identidad propia y la identidad ajena… descarta también… todas las ideas sobre la inexistencia de esos conceptos.

Cuando nos aferramos a las ideas de yo o no-yo, a las ideas de práctica o no-práctica, caemos en la dualidad. Resulta ahora evidente, después de caer, durante mis años de buscador, en ésta y en muchas otras trampas conceptuales, que ningún concepto, filosofía o sistema, ni aun los más antiguos o más perfeccionados, puede explicar la no-dualidad.

La mente siempre quiere encontrar un lugar en el que descansar. Quiere descansar en "no hay yo" o en "no hay elección". Pero la no-dualidad no ofrece, en este sentido, refugio alguno en el que descansar. Es una caída libre en el no-conocimiento.

Ya ves, aquí solía haber un intelecto feroz y violento, una mente que no descansaba hasta agotar todas sus posibilidades, todas las combinaciones posibles del pensamiento, una mente que no se conformaba con nada menos que la libertad absoluta. Fueron muchas, a lo largo de los años, las trampas que descubrió. Muchas estructuras pesadas del pensamiento se vieron destruidas desde sus mismos cimientos y revelaron no ser más que luz. ¡Cuántas trampas, Dios mío, cuántas formas sutiles de engañarme a mí mismo! Son muchas las formas en que la mente puede establecerse en un concepto, en una estructura del pensamiento, en un sistema de creencias y proclamar, al mismo tiempo –y de mil modos ingeniosos diferentes–, la liberación de todos los conceptos y de todas las creencias. El ego puede encontrar un millón de formas diferentes de convencerse de que no hay ego.

"¡Yo estoy libre del ego! ¡Yo, yo, yo estoy libre del ego!" *¡Bravo! ¡Bravo! ¡Muy bien!*

Es por esto por lo que, cuando ahora digo «No hay nada que puedas hacer para conseguir esto», también me doy cuenta de que, en el mismo instante en que el indicador se convierte en una creencia, deja de ser cierto. Por ello, la persona que cree sinceramente que "no hay nada que puedas hacer" y que "todo es inútil" y se pasa el día tumbado en la cama, no ha *entendido* absolutamente nada. Para tal persona, los indicadores se han convertido en conceptos que han cristalizado en creencias que acaban desembocando en el estancamiento y la depresión. Ésta es una trampa muy habitual... lo sé bien porque he caído en ella muchas veces.

Hay quienes realmente *creen* que no hay persona ni ego. Hay quienes realmente *creen* que no hay nada que obtener. Hay quienes realmente *creen* que no hay futuro, África ni planeta Tierra. Pero el problema es la creencia porque, cuando se convierte en una creencia, acaba estancándose. Es una persona con una creencia. Y entonces uno entra en la lucha interminable de mi creencia frente a la tuya.

Pero, cuando uno ve con absoluta claridad que no hay nada que hacer –porque *esto* ya es totalmente completo–, el estancamiento se desvanece. Entonces uno se levanta de la cama con el corazón completamente abierto a otro día de no-conocimiento. "Nada que hacer" no es más un concepto. Y "algo que hacer" también es otro concepto.

Nagarjuna dijo:

> *Decir "es" es aferrarse a la permanencia.*
> *Decir "no es" es aferrarse al nihilismo.*
> *Es por esto por lo que la persona sabia*
> *no dice esto "es" ni esto "no es".*

Y Bodhidharma, por su parte, afirmó:

> *Quien sabe que la mente es una ficción despojada de toda*
> *realidad sabe que su mente no existe ni no existe. Así es*

*como los mortales siguen creando la mente y afirmando su
existencia, mientras los inmortales siguen negándola y afirmando su inexistencia.*

La mente existe y la mente no existe. Nada que hacer y algo
que hacer. Práctica y no práctica. Pasado y no pasado. Yo y
no yo. No hay ninguna necesidad de aferrarse a la polaridad
ni de negar ambos polos. Ocurre muy a menudo: las personas van a visitar a los maestros o a los no-maestros de la no-
dualidad y escuchan que no hay nada que puedan hacer para
alcanzar la liberación, de modo que renuncian y acaban de-
primiéndose.

¡Pero debes saber que parte del baile es que, en este asombroso planeta, hay un millón de cosas que hacer o eso es, al
menos, lo que parece! Hasta los niños saben que este mundo es un inmenso parque de atracciones. Y, aunque no exista ni deje de existir se trata, en cualquiera de los casos, de un
juego.

Y todo concluye en la paradoja más absoluta. Nada que hacer
y todo que hacer. Nada y algo. Yo y no yo. Nadie y alguien.
Los opuestos se funden y *lo que se ve en la no-dualidad no
puede ser comprendido*. ¡Aléjate de quien afirme entenderlo!
Ésta es una zambullida en el misterio que trasciende todas las
palabras de todos los libros.

Entonces es cuando, lejos de deprimirte, entiendes que frases
tales como "Esto es eso" y "no hay camino" apuntan a esa liberación, a ese amor incondicional. Y entonces se reconoce
que, independientemente de que lo viésemos o dejásemos de
ver, siempre *han estado apuntando* hacia esto. Y es que, si no
hay nada que obtener, es porque todo está *aquí*. La intimidad

y el amor incondicional que siempre habíamos buscado se hallaban exactamente *aquí*.

Hasta ese momento, existe el peligro de interpretar errónea-mente las palabras incluidas en este libro (como concluir por ejemplo que, si todo es Unidad, el homicidio también debe serlo). Y, aunque es cierto que existe el riesgo de interpreta-ciones equivocadas, también es posible que alguien entienda lo que pretende transmitirse.

Entonces es cuando se resuelve la paradoja dualidad/no-dua-lidad y se ve que, para empezar, jamás hubo paradoja alguna. La Unidad se manifiesta como entidades aparentemente se-paradas. Las cosas siguen presentándose como si estuviesen separadas sin dejar de ser, al mismo tiempo, manifestaciones perfectas de la totalidad. Es la danza divina, el juego cósmi-co, Lilah, la nada siéndolo todo. Y sí, todo esto puede perma-necer a un nivel exclusivamente intelectual. Pero lo que se aquí señalamos no es una comprensión estrictamente intelec-tual, sino una visión, una visión en la que todo se disuelve y no hay modo de saber lo que queda.

Así es. Y todo concluye en el misterio, en el amor absoluto. ¿Cómo podría comunicarte la intimidad, la libertad, la paz, la vacuidad y la plenitud que acompañan al hecho de sentar-te, ahora mismo, en esta silla? ¿Cómo podría transmitirte la intimidad de respirar y de escuchar los sonidos? ¿Cómo po-dría comunicarte la *esidad* que, pese a ser inefable, sigue res-plandeciendo, instante tras instante, aunque no haya momen-to separado alguno?

Y todas las paradojas se resuelven aquí, en la más absolu-ta simplicidad y sorpresa de lo que es. En la respiración, en los sonidos de la habitación, en el calor que desprende la taza de té, en el crujido de las galletas y en las migajas que caen sobre mis pantalones. Y, cuando la búsqueda concluye aquí, sólo queda gratitud por la taza de té, por las galletas y por esto, tal cual es. Nadie se bebe el té, nadie se come las galletas y nadie escribe estas palabras. ¡Qué milagroso es todo y qué inocente fue mi locura durante todos estos años, buscando algo más que esto, cuando todo lo que necesitaba ya estaba aquí! Todo está aquí, en el lugar en el que yo no estoy.

esto...

Estoy cuidando a un hombre que padece un cáncer
terminal. La enfermedad se ha extendido hasta
su próstata y sus testículos, que son ahora
del tamaño de pelotas de tenis. Está perdiendo
el control de sus esfínteres y por la noche se
defeca encima. Reímos y hablamos del partido
de fútbol de anoche mientras lavo las heces que
ensucian sus gigantescos testículos. No le digo
que ahí no hay sufrimiento, no le digo «yo estoy
liberado y tú no» y ni siquiera le menciono
la no-dualidad. Sencillamente le limpio los
testículos. Eso es todo.

Sostengo la mano de una mujer en el hospital.
Está muriendo. Su rostro es amarillo y su
respiración superficial. El hedor a orina y
cloro flota en el aire sobre un tazón de sopa
de tomate instantánea que ni siquiera ha tocado.
Me veo a mí mismo morir. Morimos juntos en esta
solitaria habitación entre flores de plástico y
un sopicaldo de tomate. Esto es todo y ella es la
cosa más hermosa que jamás haya visto.

Estoy tumbado en una cama de hospital. El
cirujano acaba de extirparme un bulto carnoso del
ano. Cuando la enfermera quita la gasa que cubre
la herida abierta e inflamada, siento como si me
clavasen un cuchillo en el ano y luego lo girasen
varias veces. Pido algo más de morfina, pero la
enfermera me dice que no pueden darme más. El
universo entero está saturado de dolor.

Un video musical suena con gran estrépito en la
televisión que hay junto a mi cama. Entonces
el dolor se desvanece súbitamente y se ve
reemplazado por la voz de Britney Spears. Sólo
queda Britney Spears y una canción titulada
Womanizer. Es como si el dolor jamás hubiese
estado ahí. Y, si ocurrió, de ello hace ya miles
de millones de años…. y le ocurrió a alguien
diferente.

Súbitamente vuelve a presentarse el dolor
lacerante. No sabía que fuese posible
experimentar tanto dolor. Los ojos se me empañan
y casi me desmayo. Luego vuelve de nuevo Britney:
«Womanizer, woman-womanizer, you'er a womanizer,
oh womanizer, Oh, you're a womanizer, baby». El
dolor parece moverse al ritmo del movimiento de
la danza de Britney.

No hay aquí estabilidad alguna. Nada perdura de
un instante al siguiente. Lo único que queda es
la crudeza de la experiencia. Puñalada, Britney,
puñalada, Britney… el vaivén del universo al
respirar.

8.
UNA AUSENCIA
EXTRAORDINARIA

Todo se ha cumplido.
Juan 19:30

La vida es un movimiento muy singular. A veces intenso, a veces violento y, a veces, feroz. A veces amable, a veces suave y, a veces, tan ligero como una pluma. A veces la vida ruge y, en otras, susurra, pero siempre se mueve. Y, en el núcleo mismo de ese movimiento, no hay ningún origen, ningún punto de referencia y ningún centro. A decir verdad, no hay, en ella, ningún "núcleo"... pero la verdad jamás puede ser dicha.

Por más que estas palabras traten de transmitir una verdad que no puede ser nombrada, no son sino parte de ese movimiento infinito, de esa inefable vitalidad que todo lo alienta, que todo lo mueve y que *es* todas las cosas en su totalidad. La vida es un movimiento que se origina en el movimiento, que se origina en sí misma.

La vida carece de centro, porque no tiene circunferencia. No existe ningún lugar donde concluya ni tampoco lugar alguno en que comience. La vida no es más que una expresión espontánea de la vitalidad que está ocurriendo ahora, ahora y también ahora, sin dejar el menor rastro, sin proyectar nada hacia el futuro, sin ocultar nada, vertiéndose total y completamente y consumiéndose en esa expresión, sin dejar residuo alguno. Es todas las cosas pero, al mismo tiempo, no es ninguna de ellas.

La vida –o lo que, de algún modo, llamamos "vida"– está completamente más allá de la mente, demasiado viva para la mente, demasiado libre para la mente, demasiado *total* para la mente. Y esa expresión total y completa, de la que jamás podemos separarnos, ocurre de continuo. La vida se derrama una y otra vez alejándose de sí misma para crear la ilusión de un mundo y proporcionarnos el maravilloso sueño de la vida despierta. Pero, obviamente, la vida no hace nada de todo eso. No hay acontecimientos, personas ni lugares separados, y jamás ha habido nada separado de otra cosa. Sólo una cosa ha sucedido desde el momento del Big Bang e incluso desde antes de él, lo que ahora está ocurriendo. Ningún acontecimiento separado de otro, por más perfecta que sea la ilusión. Y la ilusión es lo que podríamos denominar "yo".

*   *   *

Estoy de pie cerca del mar no muy lejos del puerto de Brighton. Ruge la tormenta y el viento casi me arrastra. Las olas chocan, con un ruido ensordecedor, contra el rompeolas, mientras las gaviotas se empeñan en volar en mitad del vendaval.

Pero el viento no está separado de mí. El mar, el puerto y las gaviotas no están separados de lo que soy. De hecho, yo ni siquiera puedo decir eso. Lo único que puedo decir es que ahora mismo, la vida, la Unidad, la vitalidad o el Ser –llámale como quieras– aparece como el mar, el puerto, el viento, las gaviotas y este cuerpo que permanece de pie en mitad de la tormenta. Es toda una apariencia presente que brota aquí ante nadie. Sólo existe para sí misma y por ninguna otra razón. Aparte de eso, no existe nada, nada que pueda ser conocido. Así es como la Fuente se presenta ahora. Ésta es la película que ahora se despliega. Éste es el sueño, un sueño total y completo, un sueño que no precisa nada más. La vida ya ha logrado todo lo que pretendía.

Yo soy uno con eso, yo no estoy separado de eso, yo soy algo, yo soy nada, yo lo veo y nadie lo ve. Pero ésas no son más que palabras y la vida no necesita palabras. Su voz empuja ya a las olas contra la playa y a la espuma contra la orilla, su voz moviliza ya el graznido de las gaviotas y el ensordecedor rugido del viento bombardeando mis tímpanos. La vida pronuncia ya sus palabras, sin necesidad de que nadie, y menos yo, se arrogue el derecho de hablar en su nombre. La vida ya está gritando, con una intensidad ensordecedora que desborda a todo el que lo escucha, su magistral discurso.

Y no sólo aquí, en medio de esta tormenta, sino de continuo y en todas partes. La vida ruge, tanto en momentos más sosegados como en los más turbulentos y, en ambos casos, lo hace con la más absoluta perfección. Todo es Un Solo Sabor, el sabor de la vida viviéndose a sí misma. "Jeff" no es más que una reliquia del pasado, un fósil. ¿Y quién necesita el pasado? ¿Adónde, en todo caso, ha ido a parar? ¿Quién necesita un futuro al que, por otra parte, jamás llegaremos? Nada puede rozar siquiera la maravilla que acompaña a este momento, la expresión presente y perfecta de la vida.

Como bebés recién nacidos, siempre contemplamos la vida por vez primera. El mar ruge por vez primera. La gaviota grazna por vez primera. Y, de vuelta a mi cuarto, caliente y acogedor, tomo mi primera taza de té. Nadie podrá convencerme de otra cosa.

No existe la menor necesidad de defenderse. No existe la menor necesidad de demostrar nada. La vida es su mejor defensa, su mejor prueba. Nadie puede negar la *esidad*. Aunque, bueno, sí que pueden… y lo hacen. Y ésa es la miseria misma de la vida.

Pero, cuando la discusión concluye, basta con *lo que es*. Con eso basta.

* * *

La vida es una ofrenda y se nos ofrece ahora, y ahora, y también ahora.

La vida nos regala imágenes, sonidos, olores y sentimientos sin pedirnos nada a cambio. Pero nosotros nos pasamos la vida queriendo más. Y ahí, precisamente, radica nuestra miseria. A falta de eso, sin embargo, sólo hay –y siempre ha habido– *esto*. Sólo lo que ahora mismo emerge de la Fuente. Sólo lo que se manifiesta de lo desconocido. *Eso, y nada más, es todo lo que obtienes*.

Y todo eso se libera aquí mismo. Todo el lastre de la vida se desvanece en un parpadeo. ¿Dónde está ahora Jeff, ese personaje que sufrió tanto que se empeñó en salir del sufrimiento? Sencillamente ha desaparecido. ¿Quién escribe entonces estas palabras? Quizás te preguntes si es Jeff quien está escribiendo estas palabras, pero lo único que, en realidad, existe es la pregunta, sin que aparezca respuesta alguna, de modo que la pregunta acaba sencillamente disolviéndose hasta desvanecerse de nuevo en la Fuente.

Esta liberación no tiene absolutamente nada que ver contigo. Si crees que "tú" puedes alcanzar la liberación, te pasarás el resto de la vida tratando de atrapar tu cola. No puedes alcanzar la liberación ni puedes despertar, porque *esto* ya está completamente despierto. Ya es total y completo, y la búsqueda sólo tiene sentido desde el sueño de la separación. Es por ello por lo que, cuando desaparece la búsqueda, el milagro se revela. Y el milagro es –y *siempre* ha sido– la vida misma. No podíamos verla porque estábamos demasiados ocupados tratando de ser alguien, tratando de convertirnos en algo, tratando de ser buenas personas, tratando de entender, tratando de tener éxito y hasta tratando de no tratar.

Pero, cuando vemos claramente ese milagro, todo se torna obsoleto. Cuando nos damos cuenta de que sólo existe *esto*, en el simple y sencillo despertar del sueño de la separación, existe una muerte y esa muerte, como dijo Jesús, es la única salvación. Si quieres salvarte debes estar dispuesto a perder tu vida. Es por ello por lo que, cuando no hay nadie, lo único que queda es un espacio vacío, un espacio negro, solitario y sin alegría despojado de todas las cualidades, no, no y no. Pero ese vacío está *lleno*, es un vacío que revienta de vida. Con el rugido del mar, el graznido de las gaviotas, el viento azotando tu rostro, una humeante taza de té y... ¡*Vive, maldita sea, vive!* La vacuidad está llena, el vacío está completamente vivo y la nada es la vida en todo su esplendor. Ésa es la libertad que el supuesto "individuo" jamás podrá encontrar.

Y ahí es también donde se disuelven todos los conceptos, ése es el momento en el que se ven como lo que siempre han sido: palabras, meras palabras. Y, más allá de esas palabras, me quedo fascinado contemplando la espuma de las olas, las gaviotas, tan preciosas como si fuesen hijas mías y el viento que amablemente me acaricia Y todo ello encierra una belleza tan frágil que ninguna palabra puede pretender siquiera plasmar. Es una aventura amorosa silenciosa, agridulce y tierna con vida, con una vida que se nos otorga gratuitamente para ser vista ahora, sólo para ser vista.

Las palabras jamás podrán llegar a expresar esta liberación, este amor, esta ternura y esta inocencia. Pero, aunque jamás pueda ser capturada ni transmitida, siempre está aquí, siempre lo es todo, sin rechazar nada, abrazándote –o abrazando lo que creas ser– en todos y cada uno de los instantes.

La vida es el único milagro. No hay otro. Una ausencia extraordinaria es una presencia perfecta. Nada es todo y ahí concluye todo.

Todas las doctrinas se rompen en pedazos,
las enseñanzas del zen naufragan
–ochenta y un años.
El cielo se rasga y se desploma
y la tierra se abre.
En el corazón del fuego
se oculta una primavera.

GIUN

editorial **K**airós

Puede recibir información sobre
nuestros libros y colecciones inscribiéndose en:

www.editorialkairos.com
www.editorialkairos.com/newsletter.html
www.letraskairos.com

Numancia, 117-121 • 08029 Barcelona • España
tel. +34 934 949 490 • info@editorialkairos.com